El Mapa de Creencias:
Cómo conocerte mejor a ti mismo y crear filosofías personales que te guíen hacia la vida de tus sueños

Matt Gersper y Kaileen Sues

Happy Living Books
Independent Publishers
www.happyliving.

Copyright 2016 Matthew Brian Gersper y Kaileen Elise Sues
Investigado y escrito por Matthew Brian Gersper y Kaileen Elise Sues

Reservados todos los derechos. No se permite la reproducción total o parcial de esta obra, ni su incorporación a un sistema informático, ni su transmisión en cualquier forma o por cualquier medio (electrónico, mecánico, fotocopia, grabación u otros) sin autorización previa y por escrito de los titulares del *copyright*. La infracción de dichos derechos puede constituir un delito contra la propiedad intelectual.

Contacta con matt@happyliving.com para solicitar autorizaciones.

Impreso en los Estados Unidos de América.

ISBN: 978-0-9972210-7-7

Aviso Legal

Este libro, así como todo el contenido de Happy Living, representa las opiniones de Matt Gersper y Kaileen Elise Sues. Consulta con un médico antes de llevar a cabo cualquier cambio a tu dieta o a tus rutinas de ejercicio.

Dedicado a la memoria del entrenador Jim Sochor y el doctor Wayne Dyer, dos hombres cuyas enseñanzas sobre el Tao Te Ching han tenido un impacto dramático y muy positivo en el desarrollo de mis propias filosofías de vid

Contenidos

Prefacio de James Fitzgerald

Capítulo 1 – Tu Mapa de Creencias   1

Capítulo 2 – El Poder de la Reflexión   5

Capítulo 3 – Las Prioridades Dictan el Camino   9

Capítulo 4 – Los Cimientos de la Salud   11

Capítulo 5 – Tus Filosofías Personales   14

Capítulo 6 – Mi Filosofía para Vivir Feliz   17

Capítulo 7 – Mi Filosofía sobre la Salud Física   20

Capítulo 8 – Mi Filosofía sobre la Salud Mental   24

Capítulo 9 – Mi Filosofía sobre la Salud Económica y el Trabajo   28

Capítulo 10 – Mi Filosofía sobre la Espiritualidad   32

Capítulo 11 – Mi Filosofía sobre el Amor   35

Capítulo 12 – Mi Filosofía sobre la Aventura   38

Capítulo 13 – Mi Filosofía sobre el Significado   42

Capítulo 14 – Mi Filosofía sobre Por Qué Estamos Aquí   45

Capítulo 15 – Utilizar tu Mapa de Creencias   x148

Notas   50

Acerca del Autor   51

Otros Libros de Matt Gersper   52

Únete a Nuestra Comunidad   53

Prefacio

"¡Simplemente tienes que creer!"

¿No es cierto?

Bueno, de hecho, se tiene que crear algo –una especie de chispa– antes de que podamos ser CONSCIENTES.

Después de la consciencia llega la reflexión y el darse cuenta. *El Mapa de Creencias* es una de esas chispas.

Considero que estas chispas son como "codazos" que podemos darnos unos a otros. Como un "Oye, ¿qué tal te funciona eso?". Esa clase de codazo. Seguro e inofensivo, pero al mismo tiempo poderoso debido a lo que es capaz de descubrir y revelar.

Un hombre sabio dijo en una ocasión que la mejor forma de ser un modelo a seguir es ejemplificarlo. Matt Gersper ha vivido y, lo que es más importante, *está viviendo*. Realmente está viviendo como ese modelo a seguir para todos nosotros.

Y *El Mapa de Creencias* es la guía que nos ofrece para ayudarnos a realmente vivir también. Tendrá significado para todo aquel que, como Matt, entienda que Happy Living se puede VIVIR hoy. *Puedes* ser feliz ahora mismo, y tu felicidad puede ayudar e inspirar a otros.

Relájate, disfruta y deja que *El Mapa de Creencias* se convierta en tu guía para crear ahora mismo la mejor versión de tu vida.

Hacia delante, hacia arriba.

James FitzGerald

Director de OPEX Fitness
Campeón de los Juegos de CrossFit 2007

Capítulo 1 – Tu Mapa de Creencias

"Vive con intención. Llega hasta el límite. Escucha con atención. Practica el bienestar. Juega con el desenfreno. Ríe. Elige sin remordimientos. Continúa aprendiendo. Aprecia a tus amigos. Haz lo que amas. Vive como si esto fuese todo lo que hay."
(Mary Anne Radmacher)

En algún momento, a todo el mundo le ha costado tomar decisiones acerca de su vida. Cuando te encuentras en un cruce de caminos y te sientes bajo presión, no es el mejor momento para reflexionar. Saber quién eres, en qué crees y hacia dónde quieres encaminar tu vida requiere tiempo, esfuerzo y un gran conocimiento de uno mismo. Pero los momentos grandes que te cambian la vida frecuentemente aparecen de la nada y, si no estás preparado, puede que acabes tomando una decisión presionado por los "*debo*" y los "*debería*", en vez de hacerlo basándote en los cimientos fuertes de tus creencias personales.

Tu Mapa de Creencias

Si hay cierta parte de ti que se siente atascada, aprisionada por tu trabajo, por tus amigos, por tu familia, por la ciudad en la que vives o por otro factor que parece estar fuera de tu control, no estás solo. En todos lados, la gente sigue adelante con su vida sin avivar la llama de sus sueños y sin dar vida a sus deseos más profundos. Si haces lo que piensas que la sociedad, o que tus padres, o que tu pareja, o que tu comunidad quiere que hagas, solamente conseguirás sentirte atascado y reprimido. La clave para volver a sentirse vivo es averiguar cuáles son tus creencias más profundas y utilizarlas como un mapa que te guíe hacia la vida de tus sueños.

Para muchos de nosotros, la vida era simple cuando éramos pequeños. Si tuvimos suerte, nuestras necesidades básicas estaban satisfechas y podíamos centrarnos en las cosas importantes; en explorar, jugar, reír, hacer amigos y divertirnos. La infancia está repleta de momentos maravillosos, pero durante esta etapa también se empieza a debilitar la conexión que tenemos con nuestro verdadero ser interior a causa de las exigencias que nos impone la sociedad. A lo largo del camino, nos encontramos con personas que nos dicen lo que deberíamos hacer y en quién nos deberíamos convertir. Muchos de nosotros perdemos la capacidad de escuchar lo que nos dice la intuición, de escuchar a nuestro guía interior, y en vez dependemos de las directrices de los demás.

Si sientes que has estado deambulando por la vida siguiendo una fórmula –colegio, trabajo, familia, jubilación y muerte, por ejemplo–, pero aún no te sientes plenamente satisfecho, quizá sea el momento de cambiar. No importa si acabas de comenzar el viaje del desarrollo personal o si ya llevas años en él; ahora es el momento de empezar a usar tu brújula interior. Es la única manera de encontrar la satisfacción que buscas.

Piensa durante un momento en el proceso de irse de vacaciones o de planear un viaje. El primer paso es investigar para decidir qué destino te emociona o te intriga. Después compras un billete de avión o averiguas cómo llegar en coche. Después consideras dónde te gustaría quedarte y qué te gustaría hacer al llegar allí. Obvio, ¿no? La mayoría de la gente no se presenta directamente en el aeropuerto para subirse al primer avión que ve, y sin embargo muchos de nosotros deambulamos por la vida sin tener un destino claro en mente. Como en el ejemplo, la vida es también un viaje que requiere mucha planificación. Puede que desees vivir en un pueblo tranquilo y acabes viviendo en una ciudad bulliciosa en vez. O quizá siempre has querido vivir en el extranjero, pero aún te encuentras en el mismo lugar en que naciste. Sin establecer un Mapa de Creencias, no hay forma de saber dónde acabarás.

Cuando sabes quién eres y qué crees, empezarás a vivir con la brújula interior más poderosa que te puedas imaginar. Descubrirás oportunidades que se equiparen a tus habilidades y cualidades, conocerás a gente con quien conectas a un nivel mucho más profundo, y empezarás a creer en ti y en tus sueños. En resumen, empezarás a caminar por la vida con propósito.

Descubre tus verdaderas creencias

Descubrir tus verdaderas creencias y después vivir de acuerdo a ellas no es un proceso fácil. En primer lugar, llegar a la esencia de quién eres como persona y de cómo quieres vivir en el mundo requiere tiempo y esfuerzo. Quizá necesites desechar creencias que ya no te sirvan y redefinir tus sueños para sintonizarlos con tu corazón. Necesitarás tener la valentía para ser honesto contigo mismo y la voluntad para actuar de acuerdo a tu verdad. Si este fuese un camino simple y directo, todo el mundo disfrutaría ya de éxito, felicidad y paz. A veces parece mucho más fácil dejar que los demás te digan a dónde ir; sin duda, a todos nos enseñaron esto de pequeños porque les hacía la vida más fácil a los que teníamos a nuestro alrededor. Eso no es una crítica, por cierto; todo el mundo está haciendo lo mejor que puede con lo que sabe. Pero eso era antes y esto es ahora. Es importante recordar que tienes la opción de usar el Mapa de Creencias de otra persona o de crear el tuyo propio.

Identifica tus prioridades

Identificar tus prioridades y utilizar tus creencias para crear filosofías personales es la cura para dejar de deambular sin objetivo por la vida. En primer lugar, elige un tema en particular, como la salud, y después examina con profundidad las creencias que tienes acerca de por qué ese tema es importante para ti, de lo que significa para ti y de qué tipo de papel quieres que desempeñe en tu vida. A través de este proceso adquirirás el poder para crear una vida que esté en sintonía con tu sabiduría interior, y también para tomar decisiones de acuerdo a ella. Sin una indagación personal de este tipo, quizá sí sientas que la salud es importante para ti, pero te será mucho más fácil relevar el ejercicio a un segundo plano mientras te dedicas a otras cosas de menor importancia. La salud es solamente un ejemplo, pero estar desconectado de nuestras creencias, y por tanto de nuestra brújula interna, es lo que hace que nos perdamos. Lo mágico de todo esto es que siempre puedes volver al camino indicado si dedicas un poco de tiempo a mirar en tu interior para encontrar tu verdadero norte. Date permiso para dejar de seguir la fórmula de los *"debería"* en tu mente. En vez, empieza a escuchar a tu corazón y a perseguir tus sueños. *El Mapa de Creencias* te enseñará cómo.

Conoce a Matt Gersper

Este libro está basado en la experiencia y en los estudios personales de Matt Gersper, así como en su proceso de convertir la inspiración en acción. Junto a su hija, Kaileen Elise Sues, Matt fundó Happy Living, su compañía de salud y bienestar, en 2014 con una misión en mente: mejorar la salud y el bienestar del mundo, una persona a la vez.

De pequeño, Matt soñaba con convertirse en jugador profesional de fútbol americano. Aunque era pequeño para la edad que tenía, entrenó duro y creyó con cada fibra de su cuerpo que algún día conquistaría su objetivo. Matt acabó ocupando la posición de *strong safety* para su equipo de la universidad, los UC Davis Aggies, y se presentó a las pruebas de admisión de tres equipos profesionales.

Cuando le quedó claro que simplemente no llegaría a alcanzar ese sueño, Matt utilizó su tenacidad y su ética laboral para obtener éxito con los negocios. Trepó el escalafón empresarial durante muchos años hasta que le despidieron por estar en desacuerdo con la dirección. Aunque supuso un golpe duro para su ego, aprovechó su situación para comprar un negocio de comercio internacional; lo compró por 1,5 millones de dólares americanos y lo vendió diez años después por 42 millones de dólares.

Después de vender su negocio con éxito en 2014, se adentró en su siguiente aventura y creó Happy Living –una compañía nueva dedicada a aportar al mundo–, siguiendo el dictamen de su corazón. En cada momento de su viaje, Matt ha utilizado la auto-reflexión, se ha impuesto metas y ha escuchado a su corazón. Este libro comparte sus filosofías personales sobre la vida. Y no está dedicado exclusivamente a lo bueno; incluso cuando se encontraba en medio de un mar de fracasos, como cuando le echaron de varios campos profesionales de entrenamiento, o como cuando le despidieron del trabajo, o como cuando se enfrentaba a dificultades personales, como por ejemplo un divorcio tras 24 años de matrimonio, el Mapa de Creencias de Matt siempre ha abierto la puerta a nuevos descubrimientos y nuevas aventuras. Tú también puedes encontrar la misma base estable y sólida que te apoye durante toda tu vida.

Ahora, a los 54 años, Matt cree que disfrutar de un "yo" mejor y de una vida más plena es posible ahora mismo, hoy y todos los días que están por venir. Matt espera que su libro te conceda el poder para creer lo mismo acerca de ti mismo y de tu vida, porque es igual de valiosa y única.

Cómo utilizar este libro

Puedes leer *El Mapa de Creencias* para encontrar inspiración e ideas nuevas sobre cómo vivir una vida plena y feliz. Puedes leerlo por encima y dejar que las partes que capten tu atención se asienten en tu interior. O puedes utilizarlo como un libro de texto que te ayude a crear tus propias filosofías sobre la vida, leyéndolo despacio y dedicando tiempo a reflexionar sobre cada pedazo de él que te afecte. Quizá quieras mantener un diario con los pensamientos que te surjan a lo largo de la lectura o hablarlo con un amigo, con un ser querido o con un mentor. También podrías reflexionar acerca de los descubrimientos que has hecho a través del ejercicio, de la meditación o de las oraciones.

No importa cómo lo utilices; *El Mapa de Creencias* está escrito para proporcionarte las herramientas necesarias para descubrir tu verdadero "yo" y para ayudarte a clarificar lo que realmente es importante para ti. Crear tus filosofías personales te proporcionará el poder para tomar decisiones que se mantengan fieles a tu corazón. Utilizar tus creencias como si constituyesen un mapa te ayudará a perseverar en momentos de adversidad, y te dará la valentía para seguir tus sueños.

No dejes que la vida te pase de largo sin descubrir quién eres en realidad y qué es lo que realmente crees. Confía en tus decisiones. Cree en ti mismo. Identifica a dónde quieres ir y cómo llegar hasta allí. ¡Persigue tus sueños! Y deja que tu Mapa de Creencias te guíe.

¿Estás preparado para empezar tu próxima aventura? Empecemos.

Capítulo 2 – El Poder de la Reflexión

"El significado de la vida es dar significado a la vida."
(Ken Hudgins)

"¿Quién soy?" es una pregunta muy simple y a la vez muy compleja de responder. Probablemente tienes una respuesta rápida que estás acostumbrado a dar durante eventos sociales y que incluye tu nombre, tu trabajo y de dónde eres. Tus familiares y tus amigos cercanos conocen a un "tú" diferente, con bromas personales e historias de tu pasado. Pero, en lo más profundo, acogida dentro de tu corazón, tienes la respuesta verdadera que abarca todo sueño y deseo secreto, todas tus pasiones e historias, miedos, verdades y mentiras. Esta respuesta a la pregunta "¿Quién soy?" es la esencia de ti y de lo que maneja tus creencias. Este es el "tú" con el que queremos conectar a lo largo de este libro.

Así que, ¿cómo te puedes conectar con el "tú" más verdadero y fundamental? Bueno, la reflexión es una herramienta poderosa para responder a la pregunta clave de "¿Quién soy?" y para desbloquear tus verdaderas creencias.

¿Qué es la reflexión?

La reflexión es el proceso de dedicar tiempo a pensar, a contemplar o a meditar sobre cualquier cosa, desde tus recuerdos personales hasta los patrones actuales que se desenvuelven a tu alrededor, así como sobre aquellas cosas que han ocurrido a lo largo de la historia. La reflexión te puede ayudar a formar nuevas conexiones entre las experiencias del pasado y las situaciones del presente. Algo que en su momento no parecía ser relevante o notable puede avivar nuestra percepción cuando lo observamos a través de la lente de la reflexión. Como dijo Soren Kierkegaard, "La vida solamente se entiende empezando por el final, pero hay que vivirla empezando por el principio."

La reflexión es más efectiva cuando la mente está en silencio y no tiene distracciones. Puede resultar difícil hacer tiempo y encontrar el espacio dentro de nuestras vidas ocupadas para dedicar a la contemplación verdadera y significativa. Las multitareas constantes, correr de una reunión a otra y cenar frente a la televisión son cimientos básicos en la rutina de la mayoría de las personas. Así que, si la reflexión es importante para ti, hay ciertos pasos que puedes tomar para hacer tiempo y encontrar el espacio para poder reflexionar. Por nuestros años de experiencia, ¡te prometemos que no será una pérdida de tiempo! Además de ser un proyecto profundo de por sí, la reflexión enriquecerá todas las partes divertidas, ocupadas y repletas que tu vida ya posee.

En vez de esperar a que llegue el momento ideal para reflexionar (¡que quizá no llegue nunca con lo ocupada que está tu agenda!), puedes empezar dedicando pequeños trozos de tiempo a ello. Por ejemplo, podrías intentar despertarte 30 minutos antes para empezar el día escribiendo un diario. O podrías dedicar tus descansos en el trabajo a la contemplación en silencio. Incluso puedes convertir actividades que ya forman parte de tu rutina diaria, como ducharte y hacer ejercicio, en momentos para la reflexión. A Matt le gusta reflexionar mientras hace senderismo, mientras hace surf de remo y mientras medita.

Dedicar tiempo a conocerte a ti mismo

Conocerte a ti mismo es un proceso que lleva toda una vida. Como ocurre con cualquier otra relación, pasar 15 minutos contigo mismo no es suficiente para aprender todo lo que se puede saber sobre tus pensamientos, tus sueños y tus deseos. Pero todos los viajes se llevan a cabo paso a paso, así que antes de empezar este proceso recuerda ser comprensivo y paciente contigo mismo. También podrías comprometerte a dedicar unos pocos minutos a la reflexión cuando te acuerdes de hacerlo. Puede que cierta parte de ti piense que lo puedes "hacer luego", pero te animamos a que aproveches cualquier momento cuando sea que te surja. Y por favor no te desanimes si te saltas una de tus sesiones de reflexión. El hecho de que estés haciendo este trabajo es maravilloso, punto. Y realmente puede ser fácil y divertido.

Intenta estas técnicas de reflexión

Hay muchas maneras de reflexionar sobre tu vida. Analizar cómo usas tu tiempo, tu dinero y tu atención es una actividad interesante. Mira todas y cada una de las transacciones que has hecho durante el último mes. Revisa tu calendario con atención, tomando nota de reuniones y citas. ¿A qué dedicaste tus descansos? Piensa en dónde estabas y con quién estabas. Son pistas sobre cuáles son tus prioridades actuales.

Y ¿cómo puedes saber si tus prioridades actuales están en sintonía con tu verdadero ser? Tomando nota de cómo te hacen sentir. Si te entusiasma la manera en que has estado usando tu tiempo y tu dinero, entonces es probable que tus acciones estén en sintonía con tus verdaderos deseos. Si te sientes frustrado o decepcionado, piensa en cuál podría ser la razón. ¿Estabas con alguien que te hace sentir mal sobre ti mismo, aunque lo haga sutilmente? O ¿te sentiste presionado a gastar ese dinero para mantener las apariencias o para recibir aprobación de alguien que no eres tú? Cuando hayas terminado el ejercicio, tómate un momento para reflexionar sobre el proceso también. ¿Cómo te hizo sentir? ¿Surgieron sentimientos dolorosos o te sentiste más poderoso después de obtener una nueva percepción? ¿Qué tipo de información has acumulado acerca de cuándo estás en sintonía con tu verdadero ser y cuándo no?

En su libro, *Halftime: Moving from Success to Significance*, Bob Buford sugiere que el lector establezca una misión para su vida y escriba su propio epitafio.

Ejercicios como este son una oportunidad perfecta para reflexionar. ¿Cuál es tu legado y cómo quieres que te recuerden? ¿Qué misión tienes en esta vida y qué clase de marca quieres dejar en el mundo?

Deja que tu sabiduría interior te guíe

Responder a preguntas como estas puede ayudar a destapar tus creencias interiores y tus sueños más preciados. Escuchar tus propias respuestas te ayuda a estar más en contacto con tu sabiduría interior, y serás capaz de dejar que te guíe. Además, si te resulta difícil pensar sobre ti mismo de manera positiva y comprensiva durante este ejercicio, dedica un tiempo a respirar profundamente y a decirte a ti mismo que lo estás haciendo genial. Aceptar el miedo o la ansiedad durante este ejercicio te ayuda, de hecho, a estimular tu autoestima y tu sensación de poder, así que ¡bien hecho y continúa!

Darte el tiempo y el espacio para reflexionar sobre la vida te ayudará a desarrollar un conocimiento de ti mismo más poderoso. Tantos de nosotros dejamos que las influencias externas —como las noticias, las redes sociales, la familia, los amigos y los compañeros de trabajo— nos nublen el juicio. Pero en realidad las opiniones externas nunca deberían poseer más poder que lo que está en nuestro corazón y en nuestra mente. ¡Eso no quiere decir que buscar conocimiento carezca de valor! Hay muchos temas que te pueden parecer interesantes y que requerirán investigación y estudio para poder construir con ellos tus creencias personales. Cuando algo te intriga y la idea de investigarlo te llena de emoción, tu sabiduría interna se está haciendo oír. Sigue esa sabiduría interna y conectarás con tus creencias.

Reflexionar te ayuda a establecer conexiones

Cuando empieces a utilizar el poder de la reflexión, puede que notes que estableces conexiones y te surgen revelaciones sin siquiera intentarlo. Cosas que antes pasabas por alto se trasladan ahora a un primer plano, y la vida te da más de aquello que abarque tu atención. Por ejemplo, puede que quieras aprender a cocinar porque te hace feliz, y que después te des cuenta de que tienes un amigo o un compañero de trabajo que te puede enseñar algunas cosas en la cocina. Prestar atención a tus pensamientos y sentimientos te permite cultivar una sensación de curiosidad sobre el mundo, y también fortalece tu relación contigo mismo.

La reflexión nos hace ser conscientes

> "En su momento hice lo que sabía hacer. Ahora que sé más, lo hago mejor."
> (Maya Angelou)

Si no reflexionamos sobre nosotros mismos, una gran cantidad de influencias nos arrastran por la vida. Puede que a veces te surja cierta incomodidad de tu interior. Sin una brújula interior, es imposible entender qué es lo que no está en sintonía con nuestro corazón, y por tanto también es imposible encontrar lo que sí lo está. Reflexionar nos proporciona el poder de comprendernos a nosotros mismos.

Podemos empezar a entender por qué decimos lo que decimos, por qué hacemos lo que hacemos y por qué somos quienes somos. Podemos empezar a saber más, y por lo tanto a actuar mejor.

Reflexionar nos proporciona el conocimiento para cambiar de rumbo cuando es necesario. También nos otorga el conocimiento necesario para entender que tenemos que dejar de intentar arreglar, cambiar y mejorar las cosas (algo que a nuestras mentes ocupadas les encanta hacer), y en vez debemos apreciar todo lo que somos y todo lo que tenemos. Conocer tus creencias esenciales –qué es lo más importante para ti y qué cosas te hacen feliz– es el primer paso para vivir de acuerdo a tu Mapa de Creencias.

¿Cómo será eso de saber más y hacerlo mejor? Para algunos puede que suponga una transformación total. Puede que necesites hacer algo grande como mudarte a la otra punta del país, volver al colegio o empezar un negocio. Para otros será una serie de cambios sutiles e internos imposibles de reconocer desde fuera, ¡a menos que te fijes, por supuesto, en la sonrisa radiante que se te dibuja en la cara, en tu energía relajada y despreocupada, y en la relación alegre que compartes con amigos y familiares! Tu personalidad, quién eres y dónde estás en la vida influenciará lo que significa vivir de acuerdo a tu Mapa de Creencias. Exploraremos esto más en detalle en los siguientes capítulos.

Entonces, cuando tengas una idea clara de cuáles son tus creencias personales, compartiremos las filosofías personales de Matt, que son marcadores de kilometraje para su propio Mapa de Creencias. Estas filosofías están basadas en su experiencia de vida, en sus años de estudio y en sus horas de reflexión. Cada una es un ensayo acerca de sus creencias con respecto a un tema en particular que es prioritario en su vida, como el amor, la aventura y el significado de la vida. Humildemente deseamos que te inspiren con incluso más ideas para tu propio Mapa de Creencias personal.

Capítulo 3 – Las Prioridades Dictan el Camino

Así que, ¿cómo puedes desvelar las creencias que te guiarán hacia la vida de tus sueños? La mejor manera de empezar es definir cuáles son tus prioridades.

En el capítulo anterior, utilizaste el poder de la reflexión para examinar cómo te hace sentir el lugar en el que te encuentras y lo que estás haciendo ahora mismo en tu vida. Así que, pregúntate a ti mismo "¿Qué me hace sentir bien y qué me hace sentir mal? ¿Cuáles son mis verdaderas prioridades?" Puede que te surja automáticamente una lista corta de lo que es más importante para ti. O puede que necesites más tiempo para reflexionar sobre lo quieres que tome protagonismo en tu vida. En el silencio y la soledad, a través de la escritura o la meditación, puede que descubras cosas que son importantes para ti y que en el pasado pasaste por alto.

Esos malditos "debería"

Antes de seguir hablando de las prioridades, queremos preguntarte si hay algo en tu vida que consideres que "*debería*" ser una prioridad. Todos tenemos presiones externas e influencias que nos hacen sentir que "*deberíamos*" estar haciendo esto o aquello, y por esa razón es crítico saber diferenciar entre obligaciones y prioridades. Pagar la hipoteca o pagar impuestos son obligaciones, pero puede que donar a asociaciones benéficas sea una prioridad. Las prioridades, las obligaciones y los "*debería*" desempeñan papeles diferentes durante nuestra vida y debemos tratarlos también de forma diferente.

Tus sueños y metas

Piensa durante un minuto en tus sueños y metas. ¿Adónde quieres llegar en la vida? ¿Quién quieres ser? No importa si tienes 18 o 88 años, todos tenemos deseos y sueños internos. Imagina tu vida ideal dentro de 10 años. ¿Dónde vives, a qué dedicas el tiempo, con quién estás, y cómo te hace sentir tu vida? Ahora piensa de nuevo en tus prioridades. ¿Cómo se reflejan en tus sueños y en tu escenario ideal? Si encuentras paralelismos y correlaciones, significa que tus prioridades y tus creencias están en armonía.

Por ejemplo, si sueñas con ser nadador olímpico, entre tus prioridades seguramente esté entrenar, comer sano, dormir lo suficiente y mejorar tu resistencia mental. Si sueñas con ser un autor reconocido, seguramente entre tus prioridades esté escribir, investigar, recopilar ideas y leer las obras de autores a los que admiras. Si sueñas con ser un buen modelo a seguir para tus hijos o para tus hermanos pequeños, seguramente entre tus prioridades esté actuar de acuerdo a tus creencias, seguir tus sueños y tratar a tu familia con generosidad y comprensión.

Cuando tus prioridades están en armonía con tus metas y con tus creencias, harán que te sientas más poderoso y fuerte, feliz y en paz. Piénsalo, ¡si fueses capaz de vivir de acuerdo a estas prioridades cada semana, cada mes, cada año y cada década, tu vida sería más completa y divertida! Una vez que conoces tus prioridades y las escribes en algún lugar como referencia, se hace mucho más fácil vivir de acuerdo a ellas. Tus acciones y tus decisiones pueden brotar en un momento de claridad y convicción. Aunque no siempre es fácil vivir de acuerdo a tus prioridades y a tus creencias, tendrás la seguridad de que partes desde un lugar de poder personal. En vez de hacer cosas porque "deberías", empezarás a hacerlas porque las has elegido y las has convertido en prioridades.

Ya haces muchas cosas todos los días. Este proceso de identificar tus prioridades te ayuda a minimizar la cantidad de tiempo que dedicas a los "*debería*" y a las obligaciones. Cuando empiezas a vivir de acuerdo a tus prioridades, automáticamente empiezas a hacer tiempo y a encontrar espacio para las cosas que más te importan. Una vez que empieces a vivir en armonía con tus creencias y prioridades más esenciales, los "*debería*" que hay en tu vida atraerán tu atención con menos frecuencia. ¡Puede que incluso encuentres maneras creativas de hacerlos más divertidos y satisfactorios!

En el próximo capítulo, repasaremos lo que nos gusta denominar como los Siete Cimientos de la Salud. Estos son fundamentos que consideramos prioritarios para vivir una vida saludable, abundante y feliz. Puede que descubras alguna similitud entre tus prioridades y las nuestras, y si te topas con una que no habías considerado antes pero que capta tu atención, por favor, añádela a tu lista. De la misma manera que tú eres un individuo completamente único, tus prioridades también lo serán.

Capítulo 4 – Los Siete Cimientos de la Salud

> "La salud es un estado de armonía total entre el cuerpo, la mente y el espíritu."
> (B.K.S. Iyengar)

La salud es mucho más que vivir en un cuerpo carente de enfermedades. Al contrario, la salud es una práctica diaria, un viaje, una relación con uno mismo, con los demás y con el mundo. Cuando fundamos nuestra compañía, Happy Living, establecimos que nuestra misión era mejorar la salud y el bienestar del mundo, una persona a la vez. Esta meta es tan ambiciosa como asequible. En cierto modo, nos hemos propuesto cambiar el mundo, pero al mismo tiempo nos centramos solamente en ayudar a una persona. Para alcanzar nuestro objetivo, hemos definido cuáles son nuestras prioridades y también lo que significa para nosotros la salud.

Mientras lees la siguiente sección, te animamos a pensar en cómo defines tú la salud y el bienestar. ¿Cómo afectan tus prioridades a tus creencias acerca de lo que significa estar sano? Te ofrecemos nuestros Siete Cimientos de la Salud como ejemplo para que te puedan servir de inspiración si captan tu atención.

Nuestros Siete Cimientos de la Salud son:

- Salud Física
- Salud Mental
- Salud Espiritual
- Salud Económica
- Amor
- Aventura
- Significado

Imaginamos estos Siete Cimientos de la Salud como una pirámide que tiene las cuatro "saludes" en la base. En el mundo ajetreado en que vivimos, nosotros pensamos que tomar responsabilidad de nuestra propia salud es ahora más importante que nunca. Dedicar tiempo, esfuerzo y energía a cada una de las cuatro saludes es una parte crucial del viaje

Las cuatro saludes

Normalmente, la salud física es lo primero que nos surge en la mente cuando consideramos el tema de la salud. La salud física se compone de ejercicio, nutrición, hidratación y descanso, así como del mantenimiento necesario que suponen las visitas al médico, los diagnósticos y los análisis de sangre.

Aunque la salud mental se encuentre dentro de la mente y no sea tan tangible como la salud física, es igual de vital. La salud mental previene enfermedades mentales y se estimula leyendo, meditando y reflexionando, estableciendo metas, siendo creativo, aprendiendo a diario y llevando a cabo *hobbies*.

La salud espiritual es la conexión entre nuestro ser interior y algo más grande. Puede estar basado en nuestra fe, o se puede encontrar a través de la meditación u observar a través de la ciencia. Se puede cultivar en una comunidad o en soledad, y es algo a lo que siempre podemos regresar sin importar el tiempo que haya pasado.

La salud económica supone ser capaz de proporcionar estabilidad económica para ti y para los demás. Incluye vivir dentro de tus posibilidades, de acuerdo a tus prioridades, y de manera que tus ahorros no se vean amenazados. Significa mantenerte informado y educarte con respecto a las finanzas, así como donar a asociaciones o causas benéficas, siempre y cuando sea posible y esté en armonía con tu corazón. Aunque es importante ahorrar y tomar decisiones sabias al invertir, también pensamos que es importante gastar con alegría y orgullo el dinero que recibimos.

Amor y aventura

Los dos siguientes elementos en los Siete Cimientos de la Salud son el amor y la aventura, y componen el centro de la pirámide.

El amor es esencial para liderar una vida sana y con significado. El amor proporciona sustancia a las relaciones. El amor es lo que nos empuja a perseguir nuestras pasiones. El amor consigue que los momentos de silencio estén repletos de paz. El amor nos ayuda a perseverar en momentos difíciles. Amarse a uno mismo, o mantener una buena relación con uno mismo, es tan importante como amar a los demás. Si no nos amamos, no somos capaces de ofrecer la mejor versión de nosotros mismos ni a los que están a nuestro alrededor ni a nuestro trabajo. El amor nos proporciona propósito, felicidad y júbilo. Como dijo Henry Drummond, "Cuando mires atrás te darás cuenta de que los momentos en que realmente viviste fueron aquellos en los que hiciste las cosas en nombre del amor."
La aventura supone embarcarse en territorio inexplorado y dar la bienvenida a nuevos descubrimientos. Aventurarse no se limita solamente a ser extremo, aunque puede que la posibilidad de peligro excite a tu lado más temerario. Las aventuras pueden surgir cerca o lejos de casa, pueden ser un estado mental o una escapada épica. Practicar la aventura es esencial para vivir muchos años. Si de verdad quieres hacer algo, pero te da un poco de miedo, ¡suele ser una buena señal!

Significado

En la cúspide de la pirámide se encuentra el significado. El significado es la clave para ser feliz y disfrutar de bienestar. La búsqueda de significado añade significado a la vida. El significado es la costumbre de dar prioridad a las cosas que son más importantes para ti. El significado es dedicarle tu tiempo, tu trabajo, tus recursos y tu vida a algo que posee gran significado personal. Tu "algo significativo" puede ser cualquier cosa, desde una meta tangible hasta el legado que quieras dejar. No importa dónde empieces. Centrarte en el agradecimiento, actuar con propósito y seguir tus sueños son diferentes maneras de practicar el significado. Si formar parte de una actividad, de una relación o de un evento te proporciona una sensación profunda de satisfacción o hace que te sientas honrado, es una señal de que tiene mucho significado para ti.

Vivir sana y felizmente no es un destino ni un punto que alcanzar. Es una práctica constante de decisiones, disciplina y buenos hábitos… que te funcionen a ti. Estos Siete Cimientos de la Salud constituyen la base para todo el trabajo que hacemos en Happy Living. En el próximo capítulo vamos a ver con más detalle tus prioridades y creencias y después empezaremos a crear tus filosofías personales.

Capítulo 5 – Tus Filosofías Personales

Ahora que has utilizado el poder de la reflexión para desvelar tus creencias y prioridades, ¿has notado algo diferente? ¿Ha cambiado tu perspectiva de la vida? ¿Ha cambiado tu manera de tomar decisiones? ¿Son tus decisiones un tanto diferentes ahora? ¿Quizá le has hecho caso a tu corazón y le has dicho que no a alguien en vez de acceder a "solo" un proyecto más? ¿Quizá has decidido que prefieres ahorrar y planificar esas vacaciones caras con antelación en vez de usar una tarjeta de crédito? Estos son solamente unos cuantos ejemplos; aquí no hay ni bien ni mal, solo hay aquello con lo que se identifica tu sabiduría interior.

Definir tus filosofías personales

Cuando reflexionaste sobre tus creencias y prioridades, ¿notaste discrepancias o cosas que quieras cambiar? Tomar el siguiente paso para definir tus filosofías personales te ayudará a obtener claridad. Las filosofías personales son los fundamentos que guían a tus creencias y componen el mapa para llegar a la vida de tus sueños. Tus filosofías son definiciones de lo que piensas, de lo que quieres, de lo que necesitas y de lo que esperas con respecto a tus prioridades específicas. En los siguientes capítulos compartiremos las filosofías personales de Matt; algunas de ellas están basadas sobre los Siete Cimientos de la Salud que Happy Living reconoce.

Las filosofías de Matt son el resultado de su experiencia de vida, desde su comienzo como un niño pequeño que soñaba con convertirse en jugador profesional de fútbol, hasta su exitosa carrera como emprendedor y dueño de un negocio. Con cada paso, Matt ha utilizado sus filosofías personales como la base sobre la que construir el mapa que le guíe hacia sus sueños. Sus filosofías son la definición y la fuerza motora que le empuja a querer mejorarse a sí mismo a diario.

El libro *Halftime*, de Bob Buford, inspiró a Matt a definir lo que individualmente le resultaba más importante, y a escribir su epitafio y su misión. Aunque estos ejercicios fueron extremadamente difíciles y llevaron algo de tiempo, Matt se dió cuenta de que le estimulaban y le ayudaban a definir sus filosofías personales.

Lo más importante para Matt, su epitafio y su misión

El Tao es lo más importante para Matt. El Tao literalmente significa "el Camino". Según dice Michael A. Singer en su libro *La Liberación del Alma*, las antiguas enseñanzas de Lao Tzu son la filosofía rectora de la vida, dividida en 81 estrofas cortas. Matt cree que su estudio diario del *Tao Te Ching* de Lao Tzu, así como la práctica de las filosofías del Tao, son el camino para poder convertirse en todo lo que es capaz de ser.

Su epitafio es "Mi vida es mi misión", porque representa la actitud de permitir que las cosas ocurran en vez de intervenir en el proceso, la actitud de actuar en vez de aconsejar. En vez de asumir que conoce la mejor ruta para el viaje de otra persona, Matt piensa que la mejor manera de ayudar a los demás es compartir su propia experiencia.

La misión de vida de Matt es la misma que hemos establecido en Happy Living: mejorar la salud y el bienestar del mundo, una persona a la vez. Con esta misión es capaz de devolver al mundo e inspirar a que otros se conviertan en todo lo que son capaces de ser con los dones únicos que se les ha otorgado.

El Tao, su epitafio y su misión han influido en sus filosofías personales. Puede que durante su lectura seas capaz de acumular ejemplos que te ayuden a facilitar el proceso. No tengas miedo de usar sus filosofías como inspiración… ni de identificar cosas con las que estés en desacuerdo.

Refinar tus prioridades

Antes de continuar leyendo, quizá quieras ponderar qué prioridades necesitan más consideración, más reflexión y más definición. Y quizá también quieras considerar qué prioridades te faltan. ¿Qué papel desempeñan tus prioridades en el camino a tus sueños? ¿Cómo pueden ayudarte tus prioridades a alcanzar tu misión de vida? Bueno, tus prioridades formarán la base de tus filosofías personales.

Quizá también quieras reflexionar sobre qué tipo de cosas te gustaría incluir en tus filosofías. ¿Tienes en mente un espacio de tiempo, una frecuencia o una duración específica que sea relevante? ¿Practicarás tus filosofías por tu cuenta o preferirás formar parte de una comunidad más grande? ¿Por qué tienen importancia tus filosofías? ¿Qué papel desempeñan en tu vida? ¿Qué tipo de prácticas o de costumbres adoptarás para asegurarte de que tus prioridades *sigan* siendo importantes para ti?

Crear tus filosofías personales

Por último, también debes considerar cómo vas a crear tus filosofías personales. Puede que descubras que es terapéutico y útil escribir tus prioridades, tus filosofías personales y tus creencias en un diario o en un ordenador. O quizá prefieras crear una lista, tomar notas en *post-its* o hacer un *collage* visual que represente tus creencias. Podrías hacer cada uno de estos ejercicios o cualquier otra variación. La clave está en sacar las reflexiones internas de tu mente y presentarlas al mundo; el formato, ya sea digital o no, no importa.

Asegúrate de guardar tus filosofías en un lugar accesible. Nosotros hemos notado que es importante revisar nuestras filosofías personales regularmente. Así que haz lo que puedas para conseguir que formen parte de tu día a día. Quizá quieras colocarlas donde más las vayas a ver, o podrías pedirle a un amigo a un familiar que te recuerde con regularidad que debes dedicarles algo de tiempo.

Si este es un buen momento para ti, empieza a formar ahora mismo tus filosofías. O puedes seguir leyendo para dejar que la inspiración procedente de las filosofías de Matt se acumule en los siguientes capítulos, y crear las tuyas partiendo desde ese punto. No importa cómo procedas, te apoyamos y apreciamos que te hayas comprometido a introducir cambio, felicidad y armonía en tu vida.

Capítulo 6 – Mi Filosofía para Vivir Feliz

La primera filosofía de Matt ilustra su perspectiva sobre lo que significa llevar una vida plena y feliz. Su filosofía sobre cómo vivir feliz es universal y está compuesta por los principios que le guían a él y también al resto de sus filosofías. Así que en los siguientes capítulos vamos a dejar que Matt tome la palabra, para que comparta sus experiencias y descubrimientos personales contigo.

> "La gran vasija se elabora lentamente."
> (Lao Tzu)

Mi filosofía para llevar una vida sana y feliz se centra en el deseo de convertirme en una persona completamente realizada y optimizada, según mis propios criterios. El desarrollo de esta filosofía ha sido un proceso de 54 años, y sé que continuará durante el resto de mi vida. Mi filosofía para vivir feliz ha sobrevivido a los problemas, las tribulaciones, los fracasos y los éxitos. He jugado y he experimentado con la vida para ver qué es lo que me funciona a mí. Esto es lo que he aprendido hasta ahora…

Todo empieza con el agradecimiento. Trabajo duro, creo en mí mismo e intento superar los obstáculos que la vida me coloca en el camino. Quizá la lección más importante que he aprendido ha sido la de agradecer lo que tengo y donde estoy en el momento, en vez de centrar mi atención en lo que quiero; vivir cada día sin echar en falta nada. Comienzo la mayoría de los días con estas simples palabras de agradecimiento:

> Estoy vivo.
>
> Me aman.
>
> Soy amor.

Crear una vida sana y feliz requiere práctica e intención. El hecho de que nunca se deja de aprender me inspira a desarrollar continuamente ideas y habilidades nuevas. El hecho de que siempre voy a reflexionar y a revaluar mis prioridades me ayuda a mantenerme centrado en lo que realmente es importante.

Sé que no importa lo rápido que vaya, solo importa el hecho de que continúe avanzando. He aprendido a ser paciente y diligente, a ser comprensivo conmigo mismo y a darme tiempo para progresar en una dirección significativa con consistencia y práctica diaria.

Dejo que la inspiración me guíe. Soy más feliz cuando estoy escuchando a mi corazón. He aprendido a confiar en mi corazón porque sabe dónde está mi felicidad. Cuando un pensamiento o una idea me inspira, lo puedo sentir en el cuerpo. Presto atención a esa sensación.

Cuando se me ocurre una idea, me aseguro de que sea relevante para mí. La comparo con las prioridades principales que identifiqué durante el proceso de reflexión y revaluación. Esto me ayuda a separar las ideas inspiradoras que realmente quiero desarrollar de las ideas que me parecen interesantes pero que al fin y al cabo simplemente quiero abandonar después de contemplarlas.

Por ejemplo, mientras hablaba en una conferencia me surgió la inspiración y en ese momento decidí escribir mi primer libro. Durante esa misma época, también vi cómo aterrizaba un hidroavión impresionante en el lago enfrente de mi casa. Y pensé, "¿¡No sería genial tener un hidroavión!?".

Utilicé mis prioridades para filtrar ambas ideas. Después de pensar en cómo cada una se relacionaba a lo que yo considero más importante, reconocí lo impresionante que era el hidroavión, pero después volví a centrarme en escribir.

Intento pasar el tiempo haciendo cosas que me inspiran y que satisfacen a mis prioridades, y abandonar cualquier otra cosa en la medida de lo posible. Este es un procedimiento muy preciso y sistemático, lo sé, pero no creo que sea algo malo. Mantener el orden crea una energía poderosa.

> "Mantener el orden, en vez de corregir el desorden, es el principio básico de la sabiduría. Intentar curar una enfermedad cuando ya ha aparecido es como cavar un pozo cuando tienes sed, o forjar armas cuando la guerra ya ha empezado."
> (Nei Jing)

No puedo estar más de acuerdo. Gracias a mis experiencias he aprendido que es mucho más fácil mantener el orden que corregir el desorden. Soy más feliz cuando vivo de manera ordenada. Ordenar el desorden requiere mucha energía extra.

En su excelente libro, *La Liberación del Alma*, Michael A. Singer describe el secreto para mantener el orden con preguntas simples, casi retóricas, sobre el Tao Te Ching.

> "¿Comer de vez en cuando le sienta bien a una persona? Sí, obviamente le sienta bien. ¿Comer todo el rato le sienta bien a una persona? No, por supuesto que no. En algún momento durante el trayecto de uno a otro, cruzaste el Tao.

¿Es bueno ayunar periódicamente? Sí. ¿Es bueno no comer nunca? No.

El péndulo oscila entre morirte por empacho y morirte de hambre. Esos son los dos extremos del péndulo: el yin y el yang, la expansión y la contracción, el no hacer y el hacer.

Todo tiene dos extremos. Todo tiene una progresión gradual como la de este péndulo. Si te vas a los extremos no puedes sobrevivir."

La vida me ha enseñado que tengo más energía y soy más feliz si me centro en mis prioridades, en mantener el orden en mi vida y evitar los extremos.

Todas las vidas están repletas de obstáculos, fracasos y contratiempos. La mía no es ninguna excepción. Simplemente intento hacer lo correcto. He aprendido a perdonarme a mí mismo rápidamente cuando me equivoco, sin juzgarme; me vuelvo a levantar y retomo lo que estaba haciendo.

Trabajar en algo que sea importante para ti fomenta la felicidad desde el interior. Creo que estoy aquí para trabajar y sé que soy más feliz cuando me involucro en un trabajo que signifique algo para mí. Además de cultivar una sensación de propósito, el trabajo proporciona las herramientas para ser responsable.

En mi vida, el trabajo me ha otorgado la capacidad de ser responsable conmigo mismo, de cuidar de mi familia y de dar a los demás. El trabajo también me ha proporcionado incontables horas de inspiración y aprendizaje. Dedicar el tiempo a trabajos con significado me ha enseñado que puedo superar retos y crear la vida que quiero.

Me siento más lleno cuando me involucro en trabajos creativos, cuando produzco algo que supone una contribución a la sociedad, y cuando lo hago junto a mi familia, mis amigos y mi comunidad.

Mi filosofía para vivir feliz está basada en los conceptos de gratitud, de inspiración, de mantener el orden y de trabajar en algo que tenga significado. Vivir de acuerdo a esta filosofía es la base sobre la que se asienta mi creencia de que un "yo" mejor siempre es posible; hoy, mañana, cada día y durante el resto de mis días en este planeta.

Capítulo 7 – Mi Filosofía sobre la Salud Física

Mis dos siguientes filosofías están dedicadas a la primera de las cuatro saludes: la salud física. Después de toda una vida de investigación y práctica, he cultivado costumbres diarias y personalizadas que concuerdan con mis prioridades y con mis objetivos de vida.

"El ejercicio es Rey. La alimentación es Reina. Júntalos y tendrás un Reino." (Jack LaLanne)

La salud física es la piedra angular de los Siete Cimientos de la Salud. Una piedra angular es la primera piedra que se coloca en la construcción de una casa. En el caso de tu salud y felicidad, es la piedra más importante. Sin ella, la estructura se derrumba por completo. En mi opinión, sin tu salud no puedes ser de gran ayuda a nadie ni a nada.

La dieta

Lo que he aprendido es que la salud física está compuesta de ejercicio y alimentación. Jack LaLanne era un entrenador personal y experto en *fitness* avanzado a su tiempo que poseía este conocimiento. Pensaba que "Cada ser humano puede conseguir el máximo nivel de salud si practica la moderación, come los alimentos más naturales y hace ejercicio regularmente."

Aunque comprometerme a hacer ejercicio de forma consistente e indefinida me ha salido de forma natural, crear un hábito de salud nutricional ha sido más difícil. Durante la mayor parte de mi vida adulta, no había pensado ni me había importado mucho la comida. Siempre y cuando mantuviese un peso en el que me sentía cómodo, me permitía comer lo que quisiera. Si subía de peso, comía menos. Esa era mi "costumbre alimentaria". Cuidaba más de mi coche que de mi cuerpo. Llenaba el depósito de mi coche con gasolina premium y alimentaba mi cuerpo con comida basura. En 2010, un susto provocado por mis niveles de colesterol me motivó a cambiar mi dieta. Empecé a pensar que la salud física no solo dependía del ejercicio, sino también de la alimentación. Desde entonces, he aprendido que por mucho ejercicio que haga, nunca será suficiente como para contrarrestar los efectos de una mala dieta.

Hay ciertos aspectos de mi filosofía alimentaria que a mí me han funcionado mejor. He modificado y ajustado estas ideas estudiando, experimentando y analizando mis resultados.

Un resumen de mi dieta: comer comida real con énfasis en reducir la inflamación.

Mi viaje a una mejor alimentación comenzó en el verano de 2013. Inspirados por el libro Wheat Belly, de William Davis, MD, mi mujer y yo decidimos eliminar de nuestra dieta el trigo y otros cereales. No me preocupaba demasiado la dificultad de vivir de acuerdo a esa decisión, ¡hasta que me di cuenta de que la cerveza está hecha de cebada! Abandonar el amor de por vida que le profesaba a la cerveza parecía un compromiso enorme.

Sin embargo, después del primer día de mi dieta "anti-trigo y anti-cerveza", me encontraba mejor. La inflamación y los gases estomacales, a los que ya me había acostumbrado, empezaron a disiparse. Durante los siguientes treinta días continué con la dieta y empecé a sentirme cada vez mejor.

Desde entonces he aprendido que una dieta alta en trigo, azúcar, grasas, químicos tóxicos y aditivos produce inflamación a nivel celular. Cuando esto sucede, los nutrientes no pueden introducirse en nuestras células para crear energía y antioxidantes, y las toxinas tampoco pueden salir. La inflamación y el daño a nuestras células pueden hacer que caigamos enfermos y que acelere el proceso de envejecimiento. Por el contrario, reducir la inflamación sistémica restaura la habilidad que tiene el cuerpo de funcionar apropiadamente y también ayuda a mantener un nivel de salud óptimo.

He modificado mi dieta para eliminar (o reducir) alimentos que dañan mi salud y los he remplazado con aquellos que nutren mi cuerpo para que funcione como es debido.

El doctor David Perlmutter, neurólogo y autor de *Cerebro de Pan*, tiene un consejo sencillo para ayudarte a tomar decisiones con respecto a la comida. Dice: "Si se pone malo, te sienta bien. Si se conserva bueno, te sienta mal."

Sigo las directrices dietéticas que aparecen en *Cerebro de Pan*; alimento mi cuerpo con grasas, proteínas y verduras sanas, y limito el consumo de carbohidratos. Compro alimentos orgánicos cuando puedo y con frecuencia hago la compra en el mercadillo agrícola local. Cuando estoy haciendo la compra me centro en el rincón de la tienda dedicado a los alimentos naturales y frescos.

Además, creo en la enseñanza japonesa de *hara hachi bu*, que aconseja no comer más del 80% de lo que somos capaces. Este es un concepto simple y hermoso con el que me identifico. Es una adición relativamente nueva a la práctica diaria que estoy intentando dominar.

No puedo usar solo la comida para obtener todos los nutrientes esenciales que mi cuerpo necesita, así que combino la dieta con productos especialmente diseñados para promover un envejecimiento sano y una vida larga.

También llevo a cabo una desintoxicación mensual, dedicando un día entero a limpiar mi cuerpo para estimular su habilidad natural de eliminar toxinas e impurezas. A lo largo del día bebo agua y cuatro raciones de una mezcla limpiadora. No como alimento de ningún tipo y tampoco bebo alcohol durante el día de limpieza. Sin embargo, sí me permito disfrutar de mi preciado café por la mañana.

Utilizo mi limpieza mensual para centrarme en la espiritualidad. Ralentizo el ritmo diario, fijo menos citas y medito más. Paso tiempo en la naturaleza dando paseos más largos y más lentos por el parque. Le dedico tiempo a la reflexión, apreciando todo lo que tengo y pensando profundamente en lo que quiero crear con el resto de mi vida.

Hay varias medidas que me ayudan a controlar el progreso de mi salud, tanto por dentro como por fuera:

- El peso: Tomo nota de mi peso cada mes, después de mi día de limpieza.

- El ritmo cardíaco en reposo: Una vez al mes utilizo un monitor de frecuencia cardíaca tres mañanas seguidas y después calculo el promedio de los tres días.

- El colesterol: Tomo nota de mi nivel de colesterol dos veces al año, utilizando un servicio on-line para hacer analíticas de sangre sin tener que hacerle una visita a mi médico de cabecera.

Desde que me comprometí a seguir mi filosofía alimentaria, he notado que es muy raro que me encuentre hambriento. Mis resfriados y mis mocos constantes han desaparecido. La sensación constante de inflamación se ha ido y mi estómago se ha calmado. Estar más sano me hace sentir genial… y ¡a veces esa es la mejor medida que hay!

El ejercicio

Mi filosofía para hacer ejercicio toda la vida lleva desarrollándose desde hace más de cuarenta años. Desde mis años como un niño jugando por el vecindario hasta mis intentos de convertirme en jugador de fútbol profesional, el ejercicio siempre ha formado parte de mi vida diaria tanto como lo ha hecho el cepillarme los dientes. Como la higiene personal, hago que sea una actividad innegociable. Simplemente lo hago, me apetezca o no… y casi siempre me encuentro mejor después.

El ejercicio constante es una manera de impulsar la productividad personal. Me hace más fuerte, más sano y más feliz. Considero que mi salud física es un combustible; crea energía para apoyar los demás Cimientos de la Salud: la salud mental, la salud espiritual, la salud económica, el amor, la aventura y el significado.

Me he dado cuenta de que comprometerse a una rutina consistente de ejercicio es algo que me sale de forma natural. A veces me he preguntado por qué me resulta tan fácil mientras que a tanta otra gente le cuesta tanto. Creo que es debido a las varias técnicas y tácticas que utilizo cada día.

"Siempre y cuando no te detengas, no importa lo rápido vayas."
(Confucius)

1. Haz algo que disfrutes.

Para ponerte en forma y disfrutar de salud, tienes que moverte. Puedes hacer senderismo, nadar, hacer algún deporte, trabajar en el jardín, remar, hacer yoga, Pilates, etcétera. Intenta actividades diferentes e identifica las que te gustan y las que disfrutas.

2. Hazlo regularmente.

Me esfuerzo por hacer algún tipo de ejercicio casi todos los días, y planeo seguir haciéndolo durante el resto de mi vida.

3. No dejes que se escape.

Ponerse en forma requiere trabajo y dedicación. Cuando llegas a un nivel determinado de salud, toma la decisión de que nunca dejarás que se escape. Aprendí hace tiempo que tardas tres veces menos en perder los resultados del ejercicio que en obtenerlos. Así que si te tomas una semana de descanso, pierdes tres semanas. ¡No merece la pena!

4. Hazlo con calma.

Ten cuidado y tómate tu tiempo para ponerte en forma. Entonces, cuando hayas alcanzado un nivel que te satisfaga, y solo entonces, considera la posibilidad de seguir haciendo ejercicio durante el resto de tu vida. Un error común entre la gente es empezar demasiado rápido y ser demasiado brusco. Otro error es esperar resultados inmediatos aunque lleves años sin hacer ejercicio. Inevitablemente, esas personas se lesionan, o no consiguen mantener el ritmo que han establecido, o no satisfacen las expectativas que habían formado en su mente y se dan por vencidos.

Yo siempre intento relajarme, pero nunca me doy por vencido. Me presento y no renuncio. Me lo tomo con calma, voy con frecuencia y continúo yendo día tras día. Como proclamó Lao Tzu hace más de 2.500 años, "El viaje de mil millas empieza con un solo paso."

Capítulo 8 – Mi Filosofía sobre la Salud Mental

En los Siete Cimientos de la Salud, la salud mental aparece después de la salud física. Mi filosofía para la salud mental describe cómo cuido de una de mis posesiones más importantes: mi mente.

> "El cerebro está transformándose constantemente. De la misma manera que no puedes tocar la misma parte del río dos veces, tampoco puedes tocar la misma parte del cerebro dos veces. Ambos están fluyendo. El cerebro es un proceso, no una cosa; un verbo, no un sustantivo."
>
> (*Supercerebro*, de Deepak Chopra, MD, y Rudolph E. Tanzi, PhD)

Crecí pensando que los caminos neuronales de mi cerebro eran inamovibles e inmutables. La ciencia nos decía que las células del cerebro morían a lo largo de nuestra vida y que no podían regenerarse, punto. Pero ¡resulta que eso simplemente no es cierto!

Ahora, utilizando palabras como la neurogénesis y la plasticidad neuronal, los científicos dicen que podemos influir en la salud de nuestro cerebro, lo cual nos otorga la habilidad –potencialmente ilimitada– de cambiar a lo largo de nuestra vida.[1] Eso significa que cuanto más cuide de mi cerebro, más cuidará mi cerebro de mí.

Mi filosofía para la salud mental está basada en cuatro ideas simples: alimentar mi cerebro, dejar que mi cerebro descanse, ejercitar mi cerebro y reprogramar mi cerebro.

Alimento mi cerebro con una dieta baja en carbohidratos que está llena de grasas, proteínas y verduras sanas. También tomo suplementos diseñados para estimular un funcionamiento cerebral sano. Dejo que mi cerebro descanse durmiendo y meditando. Intento dormir 8 horas cada noche. Mantengo una rutina de sueño sana porque:

- Mantengo mi cuarto oscuro y fresco

- No utilizo ni el teléfono, ni el ordenador ni la televisión cuando estoy en la cama

- Me voy a la cama y me despierto siempre a la misma hora

- Me tomo un suplemento de melatonina para ayudar a que el cuerpo descanse mientras duerme

- Bebo un vaso de agua durante la última hora antes de irme a la cama

También practico la meditación diariamente para que mi cerebro descanse. Miles de años de tradición, así como cuatro décadas de estudios cerebrales, nos han demostrado que el cerebro se transforma a través de la meditación.[2] Consigo hacer de la meditación una práctica diaria de la siguiente manera:

1. Meditar es lo primero que hago por las mañanas.

Para reforzar este comportamiento, preparo la cafetera por la noche y por la mañana dedico 15 minutos a meditar mientras espero a que se haga el café.

2. Utilizo recursos útiles.

A mí personalmente me gusta utilizar Headspace, una plataforma digital de salud que proporciona entrenamiento en meditaciones guiadas para sus usuarios. Durante la prueba gratis de 10 días, Andy Puddicombe, el fundador de la compañía, enseña las herramientas básicas para la meditación.

Puddicombe solía ser un monje budista y ahora es un experto en meditación. Me gusta la manera en que me enseña y me guía durante cada sesión. Gracias a Headspace he aprendido la importancia de ser consciente de uno mismo para poder meditar. Al comenzar una sesión de meditación nueva, Puddicombe me enseña a escanear mi cuerpo (la sensación) y mi mente (la emoción) y a ver cómo me siento en el momento, y después a considerar por qué decidí sentarme a meditar (la intención).

Practicar esta técnica de "sensación, emoción e intención" me ha ayudado a ser más consciente de mí mismo, sea cual sea la actividad que esté desarrollando, en cualquier momento del día.

3. Mide la constancia.

Cuando mido algo, centro mi atención en ello. Headspace ayuda en este proceso porque automáticamente toma nota del número de días que he meditado desde que empecé el programa. También guarda un registro de "rachas", que representa el número de días seguidos que he meditado.

4. Acepta el poder que tiene una comunidad.

Hacer que un comportamiento nuevo se convierta en un hábito es más fácil cuando compartes la experiencia con otros. En Headspace es fácil añadir un compañero a tu grupo de meditación, y además te muestra cuánta gente está meditando a través de su comunidad.

5. Relájate y deja ir.

Me puedo avergonzar si me imagino a otras personas juzgando mi práctica de meditación. Para superar este obstáculo pienso en lo importante que es la meditación para mí. Simplemente dejo ir cualquier sentimiento de vergüenza y me siento a meditar de todas formas. Otro obstáculo que me encuentro con frecuencia es la frustración que me produce el hecho de que mi mente divague. Supero este reto recordándome que lo importante es meditar todos los días, no hacerlo de la manera "correcta". Cuando mi mente divaga simplemente me relajo e intento volver a centrarme en el momento presente, sin juzgar la sesión y sin juzgarme a mí mismo tampoco.

6. Si la meditación es una prioridad, entonces debo meditar.

Escuché en algún lugar que tardas 21 días en formar un hábito. No sé si eso es un hecho o un mito, pero cuanto más hago algo, más fácil me resulta hacerlo. Llegados hasta cierto punto, se convierte en parte de mi rutina normal. Cuanto más medito, más natural se vuelve.

Ejercito mi cerebro poniéndome en forma y leyendo.

Al parecer, mi filosofía de hacer ejercicio durante toda la vida le sienta bien a mi cerebro. Los científicos ahora saben que el ejercicio estimula el proceso de la neurogénesis, la habilidad que tiene el cerebro de adaptar y crecer nuevas neuronas, sin importar la edad que tengas.[3]

Mi costumbre diaria de leer me proporciona estimulación mental para mantener el cerebro fuerte, sano y en estado de alerta. Ciertos estudios han demostrado que permanecer mentalmente activo puede frenar –y posiblemente también prevenir– el desarrollo del Alzheimer y la demencia.[4]

La cuarta parte de mi filosofía para la salud mental, y también la última, es aceptar y desarrollar la capacidad que tengo de reprogramar mi cerebro.

Según la doctora Hilary Stokes, cuando consigues que tus creencias, sentimientos y acciones concuerden, experimentas cambios duraderos en tu cerebro.[5]

La reflexión es la práctica que utilizo para cultivar el "yo" interior, mi alma única. Es una práctica de concienciación que me ayuda a ir más despacio, a silenciar la mente y a escuchar a mi corazón. Me ayuda a saber quién soy y qué es importante para mí. La reflexión me ayuda a saber qué es lo que amo y por qué lo amo. Estas son las cosas que amo hacer:

Amar, aprender, hacer ejercicio, leer, escribir, cocinar, meditar, pensar, navegar, dar, jugar, viajar, entretener, hablar, investigar y expandir mi red de contactos.

Cuidar de mi cerebro es algo que me motiva porque quiero que mi cerebro cuide también de mí. La felicidad y la maestría son dos claves esenciales para cuidar y reprogramar mi cerebro.

Felicidad: Cuanto más hago las cosas que amo, más feliz soy.

Maestría: Cuanto más hago las cosas que amo, más cerca estoy de dominarlas.

La doctora Ellen Domm explica por qué es tan importante armonizar tus creencias, sentimientos y acciones, como hago yo con mis reflexiones. Dice que "la frase 'las neuronas que se disparan juntas se conectan'" es una manera simple de explicar que "cada experiencia que vivimos –incluyendo nuestros sentimientos, pensamientos, sensaciones y acciones musculares– se incrusta en la red de neuronas que han producido esa experiencia. Cada vez que repites un pensamiento o una acción en particular, refuerzas la conexión entre un grupo específico de neuronas."[6]

Esto significa que cuanto más haga las cosas que amo, más acostumbro a mi cerebro a hacer las cosas que amo hacer, y como resultado el bienestar emocional y la felicidad incrementan.

Capítulo 9 – Mi Filosofía sobre la Salud Económica y el Trabajo

Después de la salud física y mental viene algo que algunas personas aman y otras odian: la salud económica. La pasión que tengo por trabajar ocupa un puesto clave dentro de esta filosofía.

"Hay mucho dinero ahí fuera. Imprimen más cada día."
(El abuelo George en *Charlie y la Fábrica de Chocolate*, de Roald Dahl)

Yo defino la salud económica como poseer las herramientas para proporcionarme a mí y a mi familia todo aquello que necesitamos. Una buena salud económica proporciona la libertad de hacer las cosas que queremos hacer, y disfrutarlas a tope, sin tener que preocuparse por si realmente nos las podemos permitir.

Mi filosofía económica tiene cuatro componentes: el motor, el propósito, las creencias y la mecánica.

El trabajo es el motor. El Diccionario de Oxford define el trabajo como "una actividad que requiere esfuerzo mental o físico para obtener un resultado"[7]. Llevo trabajando desde que tenía 10 años, y desde entonces he sido repartidor de periódicos, conserje, cajero de supermercado, instalador de aspersores, barman, vendedor al por menor, agente comercial, auditor financiero, ejecutivo comercial, emprendedor, orador inspirador y autor. Esa es una gran variedad de papeles, cada uno con sus propias alegrías y con sus propios retos.

Creo que los humanos están diseñados para involucrarse en trabajos con significado. El trabajo no solo da de comer a mi familia, también alimenta mi alma y me hace feliz. Tengo la intención de seguir trabajando durante el resto de mi vida.

El propósito de la salud económica es diferente para cada persona y puede cambiar con el tiempo. El propósito económico de una persona suele seguir el patrón de la jerarquía de necesidades de Maslow[8], lo cual significa que el primer propósito del trabajo es proporcionar las necesidades básicas, como comida y techo. Cuando hemos conseguido satisfacer estas necesidades y hemos dejado que los recursos crezcan, nuestro propósito puede también abarcar la creación de cosas con valor y significado personal, como la búsqueda de proyectos creativos o de esfuerzos altruistas. A lo largo del camino, puede que los intereses, los *hobbies*, las etapas de la vida y las responsabilidades influyan en nuestro propósito económico.

El Mapa de Creencias

Cuando era joven, mi propósito en el trabajo era ganar dinero. Cuando me convertí en padre de familia, mi propósito era mantener a mi familia. Ahora mi propósito es crear la libertad económica necesaria para poder hacer las cosas que mi mujer y yo queremos hacer; vivir cómodamente, viajar por el mundo y, por supuesto, mejorar la salud y el bienestar del mundo, una persona a la vez, a través de mi compañía, Happy Living.

Las creencias personales acerca del dinero pueden ser un recurso o un lastre con respecto a la salud económica. Muchas personas han aprendido a temer o a desconfiar del dinero. Las nociones preconcebidas, las confusiones y las percepciones acerca de las finanzas pueden afectar a nuestro potencial adquisitivo y a nuestra relación con el dinero. Estas son las creencias que tengo sobre el dinero:

- Sé paciente, pero disciplinado. Construir riqueza es un maratón, no un esprint.

- Da lo que puedas cuando puedas. Compartir tus talentos, tu tiempo y tus recursos crea en tu vida una energía positiva muy poderosa.

- Hay abundancia de riqueza en el mundo. Sin duda, la suficiente para que tú tengas todo lo que quieras.

- Especialízate y delega. Dedica tiempo a tu carrera y a las cosas que te hagan feliz. Cuando puedas, contrata a profesionales que te ayuden con la casa y con otros servicios personales, y estate dispuesto a delegar en el trabajo.

- Sé un ejemplo a seguir. Demuestra que el dinero es bueno utilizando tu dinero para hacer el bien.

- Sé orgulloso. Construye tu éxito económico sin arrogancia, pero sin disculpa.

Llevo más de cuarenta años trabajando. Ha habido veces en que he trabajado con intensidad y veces en que he conseguido trabajar con habilidad. He recibido resultados tan excelentes como decepcionantes en ambos casos. A través de los años he aprendido, sin embargo, que hay ciertos procesos y atributos que generalmente guían hacia el éxito.

Abajo, he resumido la mecánica que se esconde detrás de mi salud económica como hombre de negocios y emprendedor. Si eres profesor o médico, ejecutivo o diplomático, puede que tu procedimiento para obtener salud económica difiera. Tu procedimiento idóneo para obtener salud económica será único y estará personalizado para ajustarse a tu personalidad, a tus responsabilidades, a tu vida y a tus circunstancias. Así que investiga, escucha a tu sabiduría interior y encuentra aquello que te funcione.

Generar Ingresos

- Encuentra un trabajo que quieras hacer durante el resto de tu vida

- Encuentra un trabajo que te dé resultados que puedas mostrar al mundo. Intenta evitar los trabajos con un alcance geográfico limitado

- Encuentra un trabajo que tenga unos ingresos muy recurrentes; esto significa que los clientes pagan por los productos o servicios cada mes o cada año, y para siempre

- Encuentra un trabajo que tenga un coste marginal cercano a cero; esto significa crear un producto o un servicio una sola vez y venderlo una y otra vez

Construir riqueza

- Págate a ti mismo primero ahorrando el 10% de tus ingresos

- Utiliza la disciplina que te otorga mantener un presupuesto para asegurarte de que estás gastando menos de lo que estás ingresando

- Invierte en propiedades

- Invierte en negocios

Proteger la riqueza

- Contrata los seguros que puedas, para reducir el impacto económico de accidentes y desastres financieros

- Contrata rentas vitalicias para crear ingresos asegurados a largo plazo

No he llegado a esta conclusión utilizando solamente mi experiencia y mi sabiduría interna. Muchos sabios han compartido sus consejos financieros, sus filosofías, sus victorias y sus fracasos conmigo. Algunas de estas personas han escrito libros influyentes que han dado forma a mi filosofía económica:

- *El Hombre Más Rico de Babilonia*, de George S. Clason

- *Padre Rico Padre Pobre*, de Robert T. Kiyosaki

- *Die Broke*, de Stephen Pollan

Capítulo 10 – Mi Filosofía sobre la Espiritualidad

La última de las cuatro saludes es la salud espiritual. Como el resto de las filosofías, la espiritualidad es muy personal. Mi filosofía para la espiritualidad está fundada sobre lo que yo llamo "la grandeza". Puede que te sientas identificado con mi filosofía, o puede que tengas otra manera de definir la conexión que compartes con esa presencia constante, amorosa y pacífica a la que llamamos Dios, lo divino, la energía de la fuente, la unidad, el Universo, etcétera.

> "Los dos días más importantes de tu vida son el día que naces y el día que descubres por qué."
> (Mark Twain)

Hace muchos años, cuando vi la película *El Secreto* por primera vez, una frase me atrajo inmediatamente: "Soy grandeza en forma humana." Aunque la frase me inspiraba, también me intimidaba. La palabra "grandeza" me parecía una descripción demasiado enaltecida; casi presuntuosa y arrogante, de hecho. Pero "Soy grandeza en forma humana" se quedó conmigo hasta mucho después de terminar de ver la película. Me sentía muy identificado con ella..., la atracción que sentía hacia la frase parecía importante y digna de consideración.

Tras años contemplando, leyendo muchos libros y dando cientos de paseos largos, la frase "Soy grandeza en forma humana" se ha convertido en la piedra angular de mi filosofía para la espiritualidad.

Como me entusiasma leer acerca del desarrollo personal y de la espiritualidad, me he topado con muchos libros que han influenciado a mi filosofía espiritual. Algunos de mis favoritos son:

La Liberación del Alma, de Michael A. Singer

Cambia tus Pensamientos, Cambia tu Vida, del doctor Wayne W. Dyer

El Poder del Ahora, de Eckhart Tolle

La Guerra del Arte, de Steven Pressfield

Halftime, de Bob Buford

Defino la espiritualidad como: descubrir y cultivar mi alma única. La espiritualidad es aprender a detectar las diferencias entre la energía y las ideas que crea mi mente y aquellas que surgen de lo más profundo de mi consciencia. La espiritualidad es saber que mi espíritu está directamente conectado a la grandeza de todo lo que hay en el universo.

Mi práctica espiritual se centra en ir más despacio, en estar callado y en escuchar al corazón en vez de a la mente.

Esta manera de vivir fiel al corazón me conecta a mi fuente espiritual. Escuchar a mi corazón me proporciona energía y una sensación de calma. Cuando afronto la vida partiendo desde el corazón, veo abundancia por todas partes y me siento generoso y agradecido. Por el contrario, cuando afronto la vida partiendo desde la mente me conecto al egoísmo de mi ego. Escuchar a la mente me reporta inseguridad, preocupación y vergüenza. Cuando afronto la vida partiendo desde la mente, la estoy experimentando a través de una lente que solamente se centra en la supervivencia y en la escasez. En ese estado no tengo acceso alguno a mi experiencia de lo divino, y en vez siento la necesidad de proteger lo que es mío.

Mi práctica espiritual está basada en reconocer los pensamientos y acciones que surgen de la mente, y después remplazarlos con pensamientos y acciones que surgen del corazón. Cuando hago esto, siento cómo fluyen el júbilo y la gracia en mi vida.

Leer el libro de Michael A. Singer, *La Liberación del Alma*, me ayudó a entender por qué escuchar al corazón proporciona felicidad y conexión espiritual. Utilizando un péndulo como analogía, Singer explica la manera en que el ego, o el camino mental, produce energía inútil que te zarandea de un extremo al otro. Los pensamientos inútiles, las decisiones incorrectas y la negatividad crean energía que desestabiliza al péndulo. Por ejemplo, saltarte la dieta un día, y después sentirte culpable y obligarte a pasar hambre al día siguiente. Mentirle a alguien para obtener algo hoy, y después que te descubran y que tengas que sufrir las consecuencias mañana. Saltarte tu rutina de ejercicio un día y machacarte al día siguiente hasta lesionarte. Cuando esta energía impacta contra el péndulo en cierta dirección, se produce también un empuje de energía equivalente en la dirección contraria. Mi péndulo se desestabiliza cuando presto atención al egoísmo de mi mente en vez de a la sabiduría de mi corazón..., y eso no me hace sentir bien.

El camino del corazón no contiene ningún zarandeo de lado a lado. La energía no se gasta porque no hace falta recuperarse de pensamientos malos o decisiones incorrectas. El péndulo deja de balancearse y la energía avanza. Por eso tengo más energía cuando sigo a mi corazón. Mi péndulo descansa en el centro, donde no hay energía que me empuje en una dirección o en otra.

Permanezco en el centro cuando escucho a mi corazón y me conecto a algo más grande. Cuando estoy en el centro y en armonía con mis creencias, siento energía, calma, júbilo y gracia. Cuando estoy en el centro, consigo entrar en "la zona" como la parte más creativa de mí mismo; sumergido en un proyecto interesante, perdiendo la noción del tiempo y haciendo las cosas con soltura. A veces esta armonía se manifiesta como un sentimiento poderoso de agradecimiento mientras estoy dando un paseo solo entre la belleza natural de la tierra salvaje. En otras ocasiones me doy cuenta de que cuando medito y siento una conexión profunda al mundo que me rodea, surge una ola de emociones hermosas que se apodera de mí.

Cuando estoy en el centro y escuchando a mi corazón, estoy afrontando la vida partiendo desde mi alma única. Reconozco y libero la energía o las ideas que ha creado mi ego y las remplazo por aquellas que han surgido de mi consciencia más profunda. Cuando estoy en el centro, tengo mucha energía, mis días son fáciles y mi vida está llena de felicidad. Cuando estoy en el centro y viviendo de acuerdo a mi filosofía sobre la espiritualidad, soy grandeza en forma humana…, y eso me hace sentir genial.

Capítulo 11 – Mi Filosofía sobre el Amor

Después de las cuatro saludes están los dos Cimientos de la Salud que se encuentran en la mitad de la pirámide: el amor y la aventura. En mi filosofía sobre el amor examino los varios tipos de amor, así como el propósito y el poder del amor en mi vida.

> "El amor es como el viento; no lo puedes ver, pero lo puedes sentir." (Nicholas Sparks)

El amor es una de las fuerzas más poderosas de la tierra. El amor nos permite seguir nuestros sueños aunque todo vaya en contra. El amor nos proporciona la fuerza interior necesaria para sobrevivir a sucesos terribles. El amor es el pegamento potente que mantiene unida a una pareja según construyen y comparten su vida juntos. Pienso que el amor es lo que le da significado y propósito a la vida.

Así que, ¿cómo puedo saber si es amor lo que estoy sintiendo? Bueno, yo reconozco que algo es amor cuando me llega al corazón y puedo sentir cómo alcanza mi espíritu. Y busco amor por todas partes, todo el tiempo, prestando atención a aquello que me atrae. Cuando encuentro el amor, le doy todo lo que tengo para dar. Trabajo para poder crear una vida en la que hago las cosas que amo, con las personas que amo, en los lugares que amo, partiendo de una base de amor por mí mismo. Mi filosofía sobre el amor se divide en cinco ideas simples que describo abajo.

El amor por uno mismo

Este es el trabajo que hago para ser lo suficientemente fuerte, sano y feliz como para cuidar de mí mismo, de mi familia y de otras personas. A primera vista, puede que parezca arrogante o egoísta poner esto en primer lugar, pero si no nos amamos a nosotros mismos, no dejamos que fluya libremente ningún otro tipo de amor en nuestra vida. El amor por mí mismo me otorga el poder para contribuir a mi comunidad. Expreso el amor por mí mismo cuando vivo en el presente, escuchando a mis sentimientos y actuando desde el corazón, así como creando la mejor versión de mi vida a través del trabajo, del aprendizaje, del ejercicio, de la cocina, de la meditación, de mis pensamientos y de la unión con la naturaleza.

El amor romántico

Para mí, esto se refiere a un amor fuerte y feliz que comparto con mi media naranja. Es una conexión muy profunda que no se puede explicar con facilidad. Supone un confort y una aceptación que no había experimentado hasta que encontré por fin a mi mujer. Este amor es mágico y agradezco su presencia todos y cada uno de los días.

El amor por la familia y por los amigos

El amor que siento hacia mi familia solo se puede describir como el amor puro que sentí la primera vez que sujeté en brazos a un hijo mío, y también como el amor incondicional que siento hacia mis hermanos y mi hermana. Además de tener a mi familia, tengo la fortuna de contar con unos cuantos amigos a los que realmente amo. Estas amistades son diferentes y más profundas que otras amistades superficiales porque, por alguna razón, en alguna parte de nuestros corazones existe una conexión. Este tipo de amigo es otra clase de media naranja. Por último, mis mascotas (en particular mis perros) me expresan un tipo de amor que simplemente me hace sentir bien. Es difícil encontrar las palabras para expresar el amor que manifiestan las mascotas, pero la conexión incondicional entre la mascota y su dueño es algo mágico.

El amor por hacer cosas

Aparte del amor por uno mismo, del amor romántico y del amor por los demás, he descubierto que también existe el amor por hacer cosas. Cuando alguien dice "Amo lo que hago", están expresando este tipo de amor. Yo amo trabajar, especialmente si estoy llevando a cabo trabajos creativos, produciendo algo que suponga una contribución a la sociedad, y haciéndolo junto a mi familia, mis amigos y mi comunidad. Para mí, trabajar incluye leer, aprender, experimentar y escribir sobre cosas que mejoran la salud y el bienestar del mundo, una persona a la vez.

También amo jugar… Esto incluye hacer ejercicio, cocinar, entretener, viajar, navegar y hacer surf de remo. Cuando estoy haciendo cualquiera de estas cosas, ¡me resulta muy fácil decir que amo lo que hago!

El amor por los lugares

Hay ciertos lugares que me llegan al corazón cada vez que los visito, o incluso cada vez que pienso en ellos. Nueva York me inspira. Las calles bulliciosas, la energía de la gente, los rascacielos y la tranquilidad de Central Park, todo me llega muy hondo. Me encanta visitar Nueva York para hacer negocios y también he ido muchas veces por placer. Es una ciudad mágica que adoro.

Sedona, en Arizona, es otro lugar que ocupa un sitio especial en mi corazón. Sedona es un destino muy popular, conocido mundialmente por sus espectaculares vistas. Es uno de mis lugares favoritos, donde permanecen anclados muchos recuerdos maravillosos. Mi mujer me enseñó Sedona el primer fin de semana que nos conocimos. Fue muy romántico y estuvimos dos días cogidos de la mano. Recuerdo a una completa desconocida preguntándonos si nos podía hacer una foto mientras contemplábamos las increíbles vistas. Dijo que quería hacerlo porque "nunca había visto a una pareja tan enamorada". Guardo esa foto en mi despacho y cada vez que la veo siento una explosión enorme de amor. Nos casamos en Sedona y también hicimos allí el ensayo de la fiesta. Mientras nos decíamos nuestros votos podíamos ver las icónicas crestas de Snoopy Rock. El fin de semana de nuestra boda fue una de las mejores y más memorables celebraciones de amor que he tenido en toda mi vida. Sedona también es donde mi mujer y yo empezamos a comprar obras de arte juntos y también donde celebramos anualmente el Día de la Madre. Es el destino que elegíamos para nuestras escapadas románticas, en uno de nuestros hoteles favoritos de todo el mundo, L'Auberge de Sedona. También he dado unos paseos increíbles en Sedona, y mi hija y yo celebramos allí un evento memorable de Happy Living. Mis recuerdos de Sedona –todas las personas con las que he estado allí, las experiencias, la belleza natural– se han convertido en una parte profunda y permanente de quién soy.

También amo la casa del lago que mi mujer y yo compramos el verano pasado. Escogimos esta casa fijándonos en los colegios de los alrededores, en su localización con respecto a la ciudad y al aeropuerto, y también en la belleza de la propiedad. El camino de entrada es largo y desemboca en un retiro privado frente al lago. La casa está situada en un terreno que colinda con el lago, tiene poco menos de dos hectáreas, más de doscientos árboles y aproximadamente 138 metros de orilla. Se puede ver el lago desde casi todas las ventanas de la casa; 180 grados de vistas espectaculares al agua. Es casi imposible ver una carretera.

La casa en sí no era nuestra favorita, pero tenía buen tamaño y estaba bien distribuida. Estaba bien situada en la parcela. Tenía lo suficiente como para convencernos. Podíamos arreglar cualquier cosa que no nos gustase. La remodelamos y ahora tenemos la casa de nuestros sueños. Está diseñada para cumplir un propósito doble. En primer lugar, es una casa cómoda para vivir y criar a nuestros hijos. En segundo lugar, es nuestro espacio para celebrar la vida y el amor con familiares y amigos.

El amor es una fuerza poderosa, no cabe duda. El amor es muchas cosas y adopta muchas formas. El amor es diferente para cada uno y cambia a lo largo de la vida. El amor a veces puede resultar muy complicado, pero mi filosofía sobre el amor es bastante simple: creo que el amor es lo que da significado y propósito a mi vida; así que, mientras viva, seguiré creando una vida haciendo aquellas cosas que amo, con las personas y las criaturas que amo, en los lugares que amo.

Capítulo 12 – Mi Filosofía sobre la Aventura

Mi filosofía sobre la aventura está dividida en dos partes: resultados desconocidos y exploración continua. Como leerás, creo que es importante experimentar una gran variedad de aventura; desde el subidón de adrenalina que producen los deportes de aventura hasta la emoción –más relajada– de pasarse toda una vida aprendiendo. La aventura es lo que hace que avance en mi misión de mejorarme constantemente a mí mismo, y tengo la intención de hacerlo todos los días, durante el resto de mi vida.

Los resultados desconocidos

> "Lo que no nos mata nos hace más fuertes."
> (Friedrich Nietzsche)

Descubrir es apasionante. Aprender es gratificante. Crear te llena. Convertirse en algo más es estimulante. Me siento más vivo cuando me arriesgo, cuando me adentro en algo desconocido y cuando empiezo una nueva aventura.

Cada día trae una otra ruta de paseo, otro libro que leer, otra persona que conocer, otra receta que cocinar u otra idea que investigar. Cuanto más exploro "ahí fuera" en el mundo, más me desarrollo a mí mismo "aquí dentro". Cada aventura expande mis horizontes, me inspira a convertirme en algo más y me nutre el alma.

Sé que estoy empezando una aventura cuando:

- Hay un elemento de riesgo o peligro

- Estoy intentando algo nuevo que nunca he hecho antes

- Desconozco el resultado, o es inesperado

Como puedes leer en la cita de arriba, según el filósofo alemán Friedrich Nietzsche, lo que no te mata te hace más fuerte. Comprobé esta teoría en el verano de 2007 (durante nuestro cuarto viaje de ráfting annual de chicos), cuando una de mis aventuras casi me mata.

El viaje empezó de la misma manera que muchas de mis otras experiencias con el ráfting: estaba flotando sin acompañante por el Cataract Canyon en mi propia balsa inflable de dos personas. Nuestro grupo estaba llegando a una playa en el lado izquierdo del Río de Colorado, justo antes de los tres rápidos más notorios del cañón, llamados simplemente Gran Caída 1, Gran Caída 2 y Gran Caída 3.

Siempre me ha gustado el subidón de atravesar rápidos y estaba contento de estar en el río "yo solo". Pero, antes de que me diese cuenta de lo que estaba ocurriendo, una ola me sorprendió por la derecha, me hizo caer de la balsa y me empujó hasta el fondo del río. De repente me encontraba incapaz de llegar hasta la superficie, no sabía en qué dirección debía nadar y me empecé a preocupar por la falta de aire. En ese momento recordé el consejo de Johnny, nuestro guía; "Si estás bajo agua y no puedes encontrar la superficie, deja de luchar contra la corriente, hazte una pelota y deja que tu chaleco salvavidas haga el trabajo."

Seguía dando vueltas en el agua, incapaz de encontrar la superficie. Y recuerdo claramente que después pensé "¡Espero que Johnny tenga razón!" mientras me hacía una pelota como me había enseñado, luchando por mantener la calma. Rápidamente rompí la superficie cerca de donde estaba mi hijo con su compañero. Volví a subirme a mi balsa y mi hijo me devolvió mi remo, que había conseguido recuperar, con una sonrisa enorme de alivio dibujada en su cara.

Estaba exhausto después de lo ocurrido, pero tuve que empezar a remar con fuerza inmediatamente para llegar hasta la playa. La Gran Caída 1 rugía un poco más adelante y si no llegaba a la playa atravesaría la Gran Caída 1, 2 y 3. Solo. Remé y remé y remé. Llegar hasta esa playa requirió hasta la última gota de energía que pude generar. Cuando por fin llegué hasta la orilla, caí al suelo, exhausto y emocionado.

Un trayecto de ráfting como el que he descrito siempre conlleva un riesgo considerable. Sin embargo, la recompensa merece la pena. Siempre que pienso en la aventura, lo primero que me viene a la mente son actividades con un elemento real de peligro, como el ráfting. El reto es electrizante. El tiempo se detiene. Los sentidos se realzan. Superar obstáculos inesperados es inspirador. Rememorar las subidas y bajadas nos enseña a ser humildes. La memoria dura para siempre. La aventura desata el espíritu humano, revela habilidadaes ocultas que se encuentran en nuestro interior y nos ayuda a convertirnos en algo más.

Experiencias como esta me han cambiado como persona. Parece que cuanto más peligro y más riesgo asumas, más capacidad tiene la aventura de cambiarte. Imagino que las personas intentan escalar montañas letales como el K2 o el monte Everest por esta razón. Sin embargo, quiero reiterar que embarcarse en una aventura significa escuchar al corazón, no seguir una fórmula prescrita. Cada persona es diferente; un compromiso con una persona o con una tarea puede ser una gran aventura, como también lo puede ser afrontar situaciones que te asusten. Deja que tu indicador sea la emoción que sientes hacia una idea, después de contrastarla con tus prioridades, por supuesto. Puede que te sientas emocionado (y nervioso o asustado) ante la idea de hacer un maratón o de hacer camping solo en la naturaleza. Tu definición de la aventura es completamente personal y única para ti.

La vida supone una oportunidad constante para aprender, crear y convertirse en más. Pienso que un "yo" mejor siempre es posible a día de hoy, siempre y cuando continúe explorando. La aventura es mi herramienta principal para alcanzar mi objetivo continuo de ser más fiel a mi corazón y de dejar que más de mi espíritu brille en esta vida.

Exploración continua

> "La seguridad es en mayor parte una superstición. No existe en la naturaleza, y los hijos de los hombres como conjunto no la experimentan. A largo plazo, evitar el peligro no es más seguro que exponerse directamente. La vida es o una aventura de riesgo, o nada."
> (Helen Keller)

Aunque las aventuras peligrosas me han ayudado a formar mi vida, hay dos otros tipos de aventura que me pueden ayudar a convertirme en todo aquello que puedo ser; un aprendizaje de por vida y una voluntad persistente por adentrarme en lo desconocido.

Me he comprometido a seguir aprendiendo durante el resto de mi vida, y me proporciona oportunidades diarias de aventura. Imaginar qué será lo siguiente que aprenderé produce emoción y vitalidad en mi interior. Hay cuatro maneras principales que utilizo para poder seguir aprendiendo: leer, viajar, tener *hobbies* y experimentar cosas nuevas en mi compañía, Happy Living.

1. Leer

Leer me proporciona una manera silenciosa y relajante de explorar el mundo más allá de mis propias experiencias. Aunque hay muchas razones por las que leer un buen libro, yo leo principalmente para descubrirme a mí mismo. Los libros que me atraen me ayudan a aprender de la sabiduría de otros para poder entenderme mejor a mí mismo. Reflexionar sobre lo que leo me ayuda a organizar mis ideas y sentimientos, y a introducir mis nuevos conocimientos en las filosofías que rigen mi vida.

2. Viajar

Viajar proporciona la oportunidad de explorar el mundo directamente. He viajado a todas partes en los Estados Unidos y en veinte países más. Viajar me ayuda a ser consciente del tamaño y el esplendor de nuestro mundo, y del humilde puesto que ocupo yo en él. Cada viaje es una oportunidad para descubrir nuevos lugares, nuevas culturas, nuevos alimentos y nuevas ideas. Me encanta compartir esas experiencias con mis seres queridos, mi familia y amigos, siempre que puedo.

3. *Hobbies*

Los hobbies me dan la oportunidad de jugar con nuevas ideas, con nuevos juguetes y con nuevas experiencias. Cuando mi mujer y yo nos mudamos a nuestra casa del lago, decidí dedicar mi tiempo libre a jugar en el agua. Nadar, hacer surf de remo y navegar son *hobbies* que me conectan con la naturaleza y la aventura. También he empezado a cocinar, lo cual me ayuda a disfrutar más de mi filosofía sobre la buena alimentación.

4. Experimentar

"Happy Living Experiments" son las investigaciones que llevo a cabo y los recursos que exploro para ayudar a que mejore el bienestar del mundo, una persona a la vez. Ya sea aprender a reducir el número de químicos dañinos en mi casa, o averiguar cómo hacer que mis prácticas saludables armonicen con el estilo de vida que quiero llevar, cada experimento supone una oportunidad para mejorar la salud y la felicidad.

El compromiso que tengo de mejorarme a mí mismo se ha convertido en un modo de vida. Mejorar requiere cambiar, el cambio crea riesgo y el riesgo produce miedo al fracaso, vergüenza, pérdida de dinero o de amigos, o algo incluso peor. Como mencioné antes, a veces el riesgo que conllevan las aventuras peligrosas puede ser mortal. Superar el miedo requiere la valentía para adentrarte en un mundo de resultados desconocidos. La vida se convierte en una aventura de riesgo cuando decides actuar a pesar de la incertidumbre.

Cultivar la voluntad constante de decir "¡SÍ!" al cambio me ha hecho vivir aventuras increíbles que jamás hubiese imaginado. Adentrarme en el mundo de los resultados desconocidos me ha hecho dar una vuelta alucinante en la que he ocupado diez puestos de trabajo distintos, he vivido en más de diez casas en siete estados, he sido dueño de cuatro negocios, me he mudado cuatro veces a la otra punta del país, he criado a dos hijos, me he casado, me he divorciado, me he casado otra vez y he criado a dos hijos más. Aunque nunca acababa exactamente donde esperaba acabar, cada aventura enriqueció mi vida. Cada paso hacia lo desconocido me ayudó a ser más de lo que era antes.

Erik Weihenmayer, la primera persona ciega en escalar el monte Everest, es una inspiración para mí, un aventurero nato. En una entrevista con OWN, la cadena de televisión de Oprah, dijo: "A veces ese miedo a adentrarse en lo desconocido paraliza a la gente hasta que consigue que dejen de intentarlo siquiera. Para mí, todo lo bueno que me ha ocurrido en la vida ha surgido después de adentrarme en lo desconocido."

En 18 palabras, Erik capturó la esencia de mi filosofía sobre la aventura: todo lo bueno que me ha ocurrido en la vida ha surgido después de adentrarme en lo desconocido.

No importa lo rápido que vaya, solo importa que permanezca dispuesto a explorar los lugares, la gente, las ideas y las cosas que aparecen en mi vida.

Capítulo 13 – Mi Filosofía sobre el Significado

La cúspide de los Siete Cimientos de la Salud es el significado. En mi filosofía sobre el significado comparto lo que este concepto significa para mí y por qué "dejar una marca" es una de las claves para cultivar una vida con significado.

> "El éxito es ganar. El significado es ayudar a que otros ganen. El éxito deja una huella dactilar en la creación. El significado deja una pisada en el alma." (D. Trinidad Hunt)

El significado se encuentra solo encima de la pirámide de los Siete Cimientos de la Salud porque pienso que ese es el objetivo de este juego; ¡dejar un signo de exclamación en la vida! Mi filosofía sobre el significado tiene dos componentes: hacer algo que amas y crear algo de valor para los demás.

El significado es hacer algo inspirado por amor. Por ejemplo, digamos que tengo mucho dinero y mi asesor me sugiere que podría donar 1 millón de dólares para ayudar a niños necesitados y obtener así una exención tributaria. ¿Tiene eso significado? En mi libro, no. Aunque es cierto que estaría dando algo de valor a los demás, lo estaría haciendo para beneficiarme a mí mismo, no sería una acción inspirada por amor. Y eso no quiere decir que lo opuesto sea simplemente no dar nada, sino encontrar algo que realmente signifique algo para ti. Supón que en otra situación no tengo mucho dinero o tiempo extra, pero me encanta trabajar con niños. En este ejemplo me ofrezco como voluntario 5 horas a la semana en un colegio local. ¿Tiene eso significado? ¡Sí! Estoy haciendo lo que amo y también creando algo de valor para los demás.

Como puedes ver con los ejemplos anteriores, tengo la oportunidad de crear algo con significado cuando las acciones que llevo a cabo están en armonía con quién soy a nivel espiritual. Cuando este es el caso, no me parece que hacer lo que amo es trabajar. En vez, siento que es importante. Siento que está conectado a algo más. Siento que es correcto. Al fin y al cabo, el significado está en hacer algo inspirado por amor.

El significado también se puede definir como crear algo de valor para beneficiar a los demás. Supón que amo componer música y tocar el piano. Amo tocar el piano tanto que toco música increíble todos los días en un cuarto insonorizado, sin nadie que me escuche. ¿Tiene eso significado? En mi opinión, no. Aunque estaría haciendo algo que amo, no estaría creando nada de valor para los demás. Cambiemos la historia solo un poco. Amo componer música y tocar el piano. Toco todos los días en un cuarto insonorizado, haciendo grabaciones increíbles que hacen feliz a la gente. ¿Tiene eso significado? ¡Sí! Estoy creando algo de valor para los demás mientras hago lo que amo.

Cuando las acciones que llevas a cabo benefician a los demás, surge la oportunidad de crear algo que tenga significado. El trabajo tiene significado cuando beneficia a los demás. Sientes que es importante. Sientes que está conectado a algo más. Tu corazón se siente identificado con él y notas que es correcto.

Tenemos una serie de entrevistas en el blog de Happy Living, llamada Something Significant, que muestra a gente normal haciendo cosas extraordinarias. Cada entrevista cuenta con una persona que está totalmente inmersa en el trabajo que ama, creando algo que la conecta profundamente con quién es y que aporta algo de valor a los demás.

Hemos entrevistado al doctor Tom Sult, cuyo objetivo siempre ha sido cambiar la manera en que los médicos tratan a sus pacientes, y Elise Cripe, una emprendedora y madre de dos, que convirtió su amor por "hacer que las cosas ocurran" en un negocio. Compartimos la historia de cómo James FitzGerald pasó de ser nombrado The Fittest on Earth (en los primeros CrossFit Games de 2007) a optimizar la salud personal a través de su negocio, OPEX Fitness. Nick Black, un veterano que después de servir se sacó un Máster en Administración de Empresas y empezó la organización benéfica Stop Soldier Suicide, nos inspiró. Hay una cantidad incontable de historias de gente como tú y como yo, que han descubierto la manera de hacer lo que aman mientras dan a los demás y crean algo de valor para ellos. Te invito a que dediques un poco de tiempo a explorar estas entrevistas; estoy seguro de que te llenarán de conocimiento e inspiración.

Me gustaría regresar un momento al tema de la reflexión. Utilizo la reflexión para mantenerme centrado en lo que me resulta más importante y para mantenerme conectado a lo que amo. La reflexión me ayuda a ir más despacio, a silenciar la mente y escuchar a mi corazón. Me ayuda a saber quién soy a nivel espiritual. La reflexión me ayuda a saber qué es importante para mí, a saber qué amo y por qué.

Uno de los mejores resultados que he obtenido gracias a la reflexión es lo que yo llamo "Las Siete Maravillas de Mi Vida". Mantenerme centrado en ellas y pensar en ellas me suele conectar con mi ser verdadero y con un estado de agradecimiento por todo el júbilo y la felicidad que contiene mi vida. Es un honor compartirlas contigo aquí.

Las Siete Maravillas de Mi Vida son:

- Un Amor Verdadero: ser un marido amoroso y comprometido.

- Mi Familia: proporcionar amor, apoyo y liderazgo

- Mis Amigos: conectar y celebrar la vida juntos

- Mi Salud: cuidar de mi cuerpo, de mi mente y de mi espíritu

- Mi Economía: invertir en organizaciones benéficas, en negocios y en personas que estén haciendo un buen trabajo

- Mis Aventuras: explorar lugares diferentes, experiencias nuevas e ideas frescas

- Mis Negocios: investigar, experimentar y escribir sobre las mejores prácticas para vivir feliz

Cuando priorizo mi tiempo, mi energía y mis recursos de acuerdo a estas Siete Maravillas, incremento mis posibilidades de hacer algo que tenga significado. Cada una está en absoluta armonía con quién soy. Me llegan al corazón y me hacen feliz. Practico mi filosofía sobre el significado intentando localizar en qué punto convergen lo que amo hacer y lo que será de beneficio para los demás. ¡Esto es lo que pone el signo de exclamación en mi vida! Sinceramente deseo que encuentres la inspiración para dedicarle tiempo a reflexionar sobre cuáles son las maravillosas "maravillas" de tu vida, y a apreciarlas.

Capítulo 14 – Mi Filosofía sobre Por Qué Estamos Aquí

Si el significado es la cúspide de mis filosofías personales, entonces mi filosofía sobre por qué estamos aquí es su culminación. En esta filosofía comparto mis respuestas personales a una de las preguntas más grandes de la vida: "¿Por qué estamos aquí?" Aunque intentar definir nuestra razón de ser puede ser difícil, encontrar mis respuestas a esta pregunta me ha ayudado a construir un Mapa de Creencias robusto y útil.

> "No es solo lo que tienes, sino lo que haces con lo que tienes. ¿Estás enriqueciendo a alguien? ¿Estás mejorando a alguien?"
> (Denzel Washington)

El objetivo de mis filosofías es crear el Mapa de Creencias que me ayudará a evolucionar y ser la persona completamente realizada y optimizada que tengo la capacidad de ser. Mis filosofías me inspiran a buscar mejoras constantes y ayudan a guiarme en mi camino.

Practicar el agradecimiento, prestar atención a lo que me inspira, mantener el orden y trabajar en algo que signifique algo para mí son prácticas que me ayudan a seguir mi filosofía para vivir feliz.

Comprometerme a una dieta que reduce la inflamación y hacer ejercicio de forma consistente me ayuda a mantener mi salud física. Comer, descansar, hacer ejercicio y reprogramar mi cerebro me ayuda a mantener mi salud física. Seguir mi filosofía económica me ayuda a generar ingresos y a construir y manejar riqueza.

Ir más despacio, estar en silencio y escuchar a mi corazón en vez de a mi mente es lo que me mantiene en el camino espiritual. Hacer las cosas que amo, con la gente que amo y en los lugares que amo es lo que da significado y propósito a mi vida. Crear algo de valor para los demás mientras hago lo que amo es lo que le da significado a mi vida.

Las aventuras "peligrosas" y la exploración continua me han guiado hacia el mundo de los resultados desconocidos, donde no tienes nada garantizado. Todo lo bueno que me ha ocurrido en la vida ha surgido después de adentrarme en lo desconocido. Adentrarse en las aventuras desconocidas de la vida es incluso más significativo cuando consideras su poder exponencial…

Cada experiencia, tanto buena como mala, me cambia de alguna manera. Cada aventura que sobrevivo. Cada libro que leo. Cada relación que desarrollo. Cada país que exploro. Cada *hobby* nuevo que aprendo. Cada vez que empiezo un trabajo nuevo, o cada vez que me despiden de uno, o que me mudo a otra ciudad, o que me caso, o que me divorcio, o que tengo hijos. Cada una de estas cosas me cambia y añade algo a la red completa de mis experiencias. Mi red de conocimientos y experiencias contiene un poder oculto que me ayuda a crecer de manera exponencial.

En la tecnología, la Ley de Metcalfe explica cómo el valor de una red física crece con la adición de cada aparato o miembro nuevo. Según Wikipedia, "La ley suele ilustrarse con el ejemplo de aparatos de fax: una única máquina de fax es inútil, pero su valor se incrementa con el número total de máquinas de fax en la red, debido a que aumenta el número de personas con las que se puede comunicar."[9]

Las experiencias de la vida funcionan de la misma forma. Una experiencia por sí sola puede contribuir poco a la vida de una persona. Pero, como la máquina de fax, el valor de cada experiencia aumenta con el número total de experiencias en la vida de cada uno. Puede que las circunstancias que en cierto momento considerastes fracasos te revelen su verdadero propósito, y que de repente entiendas todo lo que has aprendido gracias a ellas. Mientras cada experiencia nueva te cambia, el valor de cada experiencia pasada, de cada lección de vida o de cada reto aumenta de manera exponencial en el interior de tu "nuevo yo".

Por ejemplo, puede que algo que ocurra hoy de repente te ayude a entender el valor y el significado verdaderos de algo que sucedió hace décadas. Construyes una red de conocimiento que evoluciona y crece con cada nueva experiencia. Por eso las personas "experimentadas" parecen ser tan listas; han descubierto el poder exponencial de convertirse en algo más.

Hay cuatro conceptos que me ayudan a permanecer continuamente dispuesto a adentrarme en lo desconocido, incluso cuando el camino parece difícil, escalofriante o incluso imposible de cruzar. Estos son:

- Sé que cada paso que doy en el camino del mejoramiento personal continuo me ayuda a crecer de manera exponencial

- Acepto el miedo como una respuesta natural a lo desconocido, no como una excusa para decir NO

- Digo SÍ a las oportunidades de aprendizaje, de crecimiento y de exploración, y actúo incluso ante la incertidumbre

- Reflexiono sobre cómo me cambian mis experiencias y cómo con el tiempo cambian también lo que quiero

Cuanto más me adentro en el mundo de los resultados desconocidos, más crezco. Y cuanto más crezco, más soy capaz de aportar. Dar a los demás es la parte más profunda del mundo de los resultados desconocidos. Es imposible saber cuánto significará para otra persona un simple acto de bondad o una mano amiga.

El doctor Wayne Dyer, en *Cambia tus Pensamientos, Cambia tu Vida*, escribe: "Aunque nadie lo vea ni lo reconozca, una bendición silenciosa o un pensamiento de amor hacia los demás contiene una vibración que se puede notar por todo el cosmos." Como el poder exponencial que tiene una red de aparatos y experiencias, el poder exponencial que posee la acción de dar es real. Cuando das, estás creando pequeñas olas de optimismo con un potencial ilimitado.

Pienso que estamos aquí para ser todo aquello que somos capaces de ser con los dones que recibimos, para que podamos dar a los demás, enriquecerlos y ayudarlos a ser también todo aquello que son capaces de ser. La energía enorme que produce un círculo vicioso de "dar a los demás" es suficiente para mejorar la salud y el bienestar del mundo, una persona a la vez. ¿Qué podría ser más poderoso que eso?

Capítulo 15 – Utilizar tu Mapa de Creencias

El propósito de este libro es ayudarte a conocerte mejor a ti mismo, a identificar tus prioridades y a usar tus creencias para crear filosofías personales que te guíen hacia la vida de tus sueños. Esperamos que lo que ha compartido Matt sobre sus propias experiencias y procesos te dará la estructura, la dirección y la inspiración para crear tu propio Mapa de Creencias.

Cómo crear tu Mapa de Creencias

Ahora que ya tienes una idea práctica y específica de cómo hacer esto, nos gustaría aprovechar la oportunidad para exponer el proceso completo, desde el comienzo hasta el final. Por supuesto, nunca llegarás realmente al final, ¡porque estás constantemente evolucionando, aprendiendo y creciendo con cada experiencia! Sin embargo, el Mapa de Creencias que construyas te apoyará y te guiará en tu camino, empezando hoy, y lo podrás actualizar durante la marcha. Así que no dejes que la mente te convenza para posponerlo. Empieza ahora, y comienza a vivir hoy la vida de tus sueños.

Allá vamos ... El proceso de *El Mapa de Creencias* expuesto para ti. Sinceramente deseamos que seguir esto te proporcione júbilo, salud, felicidad y una vida llena de amor, aventura y significado.

Paso 1. El poder de la reflexión

El proceso de crear tus filosofías personales y tu Mapa de Creencias comienza con la reflexión. Es una herramienta potente si se le dedica la cantidad de tiempo e intención necesaria. La buena noticia es que reflexionar es gratis y es algo que puedes hacer en cualquier momento y en cualquier lugar. Aunque la reflexión no es siempre fácil, con práctica suficiente se convertirá en un proceso de valor incalculable. Como mencionó Matt en su filosofía sobre por qué estamos aquí, las experiencias contienen un poder exponencial. Esto significa que cada nueva experiencia proporciona una nueva oportunidad para construir, a través de la reflexión, conocimiento de ti mismo y del mundo que te rodea.

Paso 2. Las prioridades dictan el camino

Con la reflexión como punto de partida, has aprendido que para que te guíen hacia la vida de tus sueños debes hacer que tus prioridades y tus creencias armonicen. Cuando consigues minimizar los "debería" en tu vida, puedes centrarte en lo que realmente importa: las cosas, personas, experiencias e ideas que te llegan al corazón y que se conectan con tus sueños y objetivos. Después de reflexionar y de definir tus prioridades, has empezado a descubrir tu verdadero "yo"; un ser poderoso, magnífico y completamente único que no para de evolucionar.

Paso 3. Tus Filosofías Personales

Compartimos contigo los Siete Cimientos de la Salud y las filosofías de Matt con respecto a todo, desde la salud física hasta el significado, para que te sirviesen como recursos útiles mientras vas creando tus propias filosofías.

Tus filosofías personales componen el Mapa de Creencias que te encaminará hacia la vida de tus sueños. Tómate tu tiempo para crear y formarlas utilizando tus experiencias y tus creencias. Si te hace sentir bien y está en armonía con tu corazón, inclúyelo. Si no, déjalo fuera por el momento. Recuerda, no hay solamente una manera de cultivar tus creencias, de definir tus prioridades y de crear tus filosofías personales. Este proceso requiere escuchar a tu corazón y utilizar tu sabiduría interior para crear filosofías que sean fieles al "tú" verdadero.

Si en algún momento durante la creación de tu Mapa de Creencias te sientes confundido o inseguro, pregúntate cómo te hace sentir la filosofía que estás creando. Si la respuesta es emocionado, feliz y (quizá) un poco temeroso, entonces te encuentras en el camino correcto. Después intenta con todas tus fuerzas actuar de acuerdo a tus filosofías a lo largo del día. Durante la marcha, no olvides revisar y actualizar tus filosofías según vayas aprendiendo y creciendo a lo largo de la vida. Los conceptos y las ideas que componen tu Mapa de Creencias nacen de quién eres en realidad; reflejan tu significado y tu propósito. ¿Qué mejor manera de guiarte a la vida de tus sueños, que seguir la sabiduría interna que está en tu interior y solamente en tu interior?

Nos gustaría desearte todo el éxito en tu viaje. Es un honor formar parte de tu camino hacia una vida más feliz, más enriquecida y más significativa.

Notas

[1] Chopra.com: "Rewire Your Brain for Happiness"
<http://www.chopra.com/ccl/rewire-your-brain-for-happiness>

[2] *Super Brain* de Deepak Copra, MD y Rudolph E. Tani, PhD

[3] Mercola.com: "The Remarkable Effects of Exercise on Cognition and Brain Cell Regeneration" <http://fitness.mercola.com/sites/fitness/archive/2015/01/23/brain-benefits-exercise.aspx>

[4] ABCNews.com: "Reading, Chess May Help Fight Alzheimer's"
<http://abcnews.go.com/Health/story?id=117588>

[5] MindBodyGreen.com: "5 Ways To Rewire Your Brain for Meaningful Life Changes" by Dr. Hilary Stokes
<http://www.mindbodygreen.com/0-11762/5-ways-to-rewire-your-brain-for-meaningful-life-changes.html>

[6] DrDomm.com: "Neurons That Fire Together Wire Together" by Dr. Ellen Domm
< http://www.drdomm.com/neurons-the-fire-together-wire-together/>

[7] OxfordDictionaries.com: "Definition of work in English"
<http://www.oxforddictionaries.com/us/definition/american_english/work>

[8] Psychology.About.com: "Hierarchy of Needs by Kendra Cherry"
<http://psychology.about.com/od/theoriesofpersonality/a/hierarchyneeds.htm>

[9] Wikipedia.org: "Metcalfe's Law"
< https://en.wikipedia.org/wiki/Metcalfe%27s_law>

Acerca del Autor

 **Autor. Orador. Emprendedor.**

Mi misión es mejorar la salud y el bienestar del mundo, una persona a la vez.

Fundador, HappyLiving.com
Miembro del Consejo de Administración, Fluoresentric.com

¡Hola, soy Matt Gersper!

Vivo en Lake Norman, en Moorseville, Carolina del Norte, con mi mujer y nuestras dos hijas.

Me gradué de la Universidad de California - Davis, donde estudié Economía, practiqué atletismo y jugué al fútbol americano. Dediqué los dos primeros años después de la universidad a intentar ser atleta profesional, pero abandoné la idea después de que me rechazasen de tres equipos diferentes en tres ligas diferentes: la Canadiense, la USFL y la NFL.

Durante los 30 años siguientes me centré en entrenarme a mí mismo para alcanzar el éxito con los negocios. Me ofrecieron muchas oportunidades para aprender sobre las diferentes herramientas necesarias para crear, crecer y liderar negocios exitosos, y también para acumular experiencia en el sector.

He cambiado mi enfoque; en vez de ayudar a los negocios ahora ayudo a la gente. El 16 de enero de 2014 decidí vender la anterior compañía que tenía y dedicar mi tiempo y mis recursos a investigar y a compartir las mejores prácticas para vivir feliz.

Escribo para inspirar a que otros crean que una vida mejor siempre es posible; hoy y todos los días, durante el resto de sus vidas.

Otros Libros de Matt Gersper

Transformar la Inspiración en Acción: Cómo conectar con los poderes que necesitas para conquistar la negatividad, actuar en los momentos idóneos y vivir la vida de tus sueños.

¿Tienes grandes ideas que nunca desarrollas? ¿Te sientes inspirado y emocionado un día, pero al siguiente vuelves a tu misma rutina antigua, sin llevar a cabo acciones que te guíen hacia la vida de tus sueños?

Procrastinar, dudar de uno mismo, tener expectativas culturales e incluso utilizar nuestro vocabulario son cosas que a muchos de nosotros nos impiden crear la vida con la que soñamos.

Transformar la Inspiración en Acción expone un proceso que ha sobrevivido al paso del tiempo, que es fácil de entender y que funciona para todo aquel que desee una vida mejor. Seas joven o viejo, rico o pobre, tengas o no dificultades para hacer que tus grandes ideas se hagan realidad, este libro es para ti.

Matt Gersper cree que cada ser humano tiene una habilidad interna a la que pocos acceden, pero que contiene un poder extraordinario. Utiliza un proceso sorprendentemente simple que está diseñado para poder acceder a ese poder interno y, como consecuencia, para dar vida a grandes ideas.

Únete a Nuestra Comunidad

¡Mantente informado de futuros libros y actualizaciones de Happy Living! Nuestra misión es mejorar la salud y el bienestar del mundo, una persona a la vez. Nuestro blog está lleno de ideas para vivir con salud, abundancia y compasión: www.happyliving.com

www.ingramcontent.com/pod-product-compliance
Lightning Source LLC
Chambersburg PA
CBHW070801050426
42452CB00012B/2434